OEUVRES

DE

MOLIÈRE

ILLUSTRATIONS

PAR

MAURICE LELOIR

MONSIEUR DE POURCEAUGNAC

1890

PARIS

CHEZ EMILE TESTARD, ÉDITEUR

18, RUE DE CONDÉ, 18

—

M D CCC XCIV

OEUVRES

DE

J.-B. P. DE MOLIÈRE

MONSIEUR DE POURCEAUGNAC

JUSTIFICATION DU TIRAGE

Il a été fait pour les Amateurs un tirage spécial sur papier de luxe à 550 exemplaires, numérotés à la presse.

			NUMÉROS
125 exemplaires	sur papier du Japon.		I à 125
75	—	sur papier de Chine.	126 à 200
150	—	sur papier Vélin à la cuve.	201 à 350
200	—	sur papier Vergé de Hollande.	351 à 550

OEUVRES

DE

MOLIERE

ILLUSTRATIONS

PAR

MAURICE LELOIR

NOTICES

PAR

A. DE MONTAIGLON

MONSIEUR DE POURCEAUGNAC

1890

PARIS

CHEZ ÉMILE TESTARD, ÉDITEUR

18, RUE DE CONDÉ, 18

M D CCC XCIV

NOTICE

DE

MONSIEUR DE POURCEAUGNAC

POURCEAUGNAC rentre dans les Pièces écrites pour les plaisirs du Roi. Il fut joué au courant de son séjour à Chambord dans l'automne de 1669, où, l'année suivante, fut également donné le *Bourgeois Gentilhomme*. La Troupe, étant partie de Paris le 17 septembre et n'y étant revenue que le 20 octobre, y resta donc plus d'un mois. La Grange n'a pas noté, mais la *Gazette* et une Lettre de Robinet, le continuateur de Loret, précisent la date exacte de la première représentation, qui eut lieu le 6 octobre, et la *Gazette*, après l'éloge des Entrées, des danses et de la musique de Lulli, dont la verve burlesque convenait à merveille à la fantaisie falote des mésaventures du Gentilhomme Limousin, ajoute : « La décoration de la Scène étoit si superbe que la magnificence n'é- « clata pas moins en ce Divertissement que la galanterie. »

On aurait plaisir à connaître et à voir de ses yeux l'endroit du château où le Roi et Molière avaient planté le Théâtre. On sait seulement qu'au xviiie siècle le Maréchal de Saxe fit disposer en salle de spectacle celle des grandes salles du deuxième étage du donjon qui regarde l'ouest ; peut-être l'a-t-il mise à l'endroit que la tradition du château pouvait avoir indiqué à lui et à Favart.

Chambord se compose de quatre châteaux distincts réunis par une immense galerie en croix à branches égales, au centre de laquelle s'élève le double escalier en spirale qui couronne et domine le tout de son admirable lanterne. Originairement la vis triomphale s'élevait comme une colonne isolée jusqu'à la plate-forme, et les bras de la quadruple galerie étaient ouverts. Dès François Ier, elle fut fermée et coupée, par deux planchers de pierre, en trois étages. La voûte surbaissée du troisième, dont les énormes caissons paraissent lourds parce qu'ils avaient été conçus et exécutés pour être vus du sol et s'allégir aux yeux par l'éloignement, est la seule décorée; mais le troisième étage est très haut à atteindre. Celui du rez-de-chaussée et le premier ou, comme on l'a dit du Théâtre du Maréchal, le deuxième étage étaient plus aisément accessibles. En tout cas, on peut dire qu'une des quatre galeries était naturellement indiquée, le théâtre du côté de la façade qui ferme chaque galerie, et les spectateurs entre la scène et l'escalier central.

Maintenant que la Pièce, privée du luxe et de l'éclat de ses Intermèdes, est divisée en trois Actes, on pourrait s'étonner que le troisième soit si court et que le premier soit à lui seul beaucoup plus long que les deux autres réunis. Mais on ne le remarque pas, tant l'action, absolument unique et très serrée, — quand Pourceaugnac n'est pas en scène, il n'est jamais question que de lui — s'enchaîne et se suit sans intrigue connexe, sans aucun incident qui lui soit étranger. En réalité, c'est un seul Acte, et les Intermèdes, sauf le dernier qui n'est plus que du chant et de la danse, l'agrémentent sans le couper parce qu'ils lui sont toujours rattachés, sans que la toile ait à tomber, et, comme les autres scènes, ajoutent aux assauts subis par l'infortuné Provincial.

Cette simplicité et cette unité rapide ne feraient-elles pas penser que Molière n'avait pas emporté la Pièce dans ses bagages et qu'avec la facilité de composition, dont il a donné plus d'une preuve, il l'ait écrite et improvisée à Chambord ; il y est resté assez longtemps pour avoir besoin d'offrir au Roi du nouveau et une Pièce qui n'eût pas encore servi. La plaquette de quelques pages, imprimée à Blois par Jules Hotot devant la grande Fontaine : « Le Divertissement de Chambord, meslé de Comédie, « de Musique et d'Entrées », a dû l'être au moment même pour pouvoir être distribuée aux spectateurs, comme l'étaient les Livrets des Ballets pour donner une idée du spectacle, les paroles de la Musique et les noms des Chanteurs et des Danseurs. Mais le titre de l'édition originale du texte publiée chez Ribou en 1670 — la Pièce, jouée à Paris dès le 15 novembre 1669, y avait eu un succès continu presque exceptionnel — mérite qu'on s'y arrête. On y lit : « Comédie faite à Chambord pour « le divertissement du Roy ». Le mot n'est-il qu'un synonyme de représentée, et ne faut-il pas le prendre dans le sens exact d'écrite à Chambord ? La manière dont le sujet est mené rondement, sans écarts et sans aucune fioriture étrangère, n'est pas sans donner beaucoup de vraisemblance à cette solution, qui cadre bien avec la fécondité de Molière.

Aucune de ses Pièces n'a moins d'origines et d'imitations. On a rappelé une scène du commencement de l'*Asinaria* de Plaute où deux pendarts d'Esclaves se vantent à l'envi de leurs méchants exploits, une autre de la fin des *Ménechmes* de Térence, où le Beau-père de l'un d'eux, persuadé qu'il est fou, lui fait subir l'interrogatoire d'un Médecin ; la mémoire de Molière a bien pu s'en ressouvenir et s'en inspirer.

On a pu faire aussi quelques rapprochements contemporains. Dans le récent travail, des plus nouveaux et des plus intéressants, que M. Emile Roy a publié en 1891 sur la vie et les œuvres du fécond et si curieux Charles Sorel, il a montré, d'une façon indéniable, à quel point ses ouvrages ont été connus de Molière, qui lui a emprunté plus d'un détail. Ici il s'en est souvenu deux fois dans deux scènes, qui sont chez lui devenues capitales.

Dans l'*Histoire comique de Polyandre*, parue en 1648, où Molière avait déjà pris quelque chose pour sa Dorimène du *Mariage forcé*, Sorel, racontant les malheurs burlesques de Gastrimargue, le dernier des Parasites, fait rompre son mariage avec trois femmes qu'il poursuivait, une vieille et deux jeunes, par un bon tour d'Hermotin, qui le mène de mésaventure en mésaventure, grâce au Commissaire du Quartier qui, malgré toutes ses protestations, vient lui mettre sur les bras un marmot, auquel il est absolument étranger. Dans un autre épisode du même Roman, un associé d'Alchimiste s'étant enfui, arrive, avec ses créanciers, une femme, tenant un enfant par la main et trois autres à sa suite « qui se tenaient « chacun par la cotte, comme s'ils eussent joué à ce jeu où les enfants « se tiennent l'un et l'autre par queue ». C'est presque la scène de Pourceaugnac tiraillé par ses trois enfants.

Dans *Les visions admirables du Pèlerin du Parnasse*, un autre petit ouvrage

XXIV.   *b* de Sorel, qui date de 1635, il y a déjà une poursuite d'Apothicaires avec des seringues. Plus tard, en 1661, Chevalier, un Comédien de la Troupe du Marais, fit jouer en un petit Acte *La désolation des Filous sur la défense des armes, ou les Malades qui se portent bien*. Les vers n'en sont pas de quatre pieds, comme le dit la *Bibliothèque du Théâtre François* du Duc de La Vallière, mais en vers de huit pieds, comme on le peut voir dans la réimpression qu'en a donnée M. Victor Fournel au troisième volume de sa précieuse collection des Contemporains de Molière. Un Apothicaire y vient donner à Guillot un lavement dans le nez, et le pauvre homme le boit à moitié; c'est d'une grossièreté moins que gaie. Si Molière a pris la chose quelque part, c'est plutôt dans Sorel que dans Chevalier. La suite de la scène, où Guillot, bien portant, se défend d'être malade, est moins loin de Pourceaugnac que ce sot jeu de scène, digne des tréteaux du Pont-Neuf ou des parades de la Foire.

Les Apothicaires de Molière sont d'une fantaisie qui ne tombe pas dans la grossièreté. Originairement, les Matassins étaient des danseurs, vêtus de corselets, coiffés de casques dorés, faisant, à chacun de leurs mouvements, tinter les sonnettes dont leurs jambes étaient garnies en même temps qu'ils brandissaient une épée et un petit bouclier. Leur succès se changea vite en une danse courante. Dans les *Louanges de Macette*, qui ne sont pas de Mathurin Regnier à qui on les a données, on trouve :

> *Et les Amours, comme poussins,*
> *Semblent dancer les Matassins.*

Longtemps avant, Merlin Coccaïe mettait déjà la danse des Matassins avec la *Pavane*, la Milanaise, la Basse danse, l'Espagnole, et la Gaillarde.

Molière en a refait des personnages, et l'on sait si leurs chapeaux pointus, leurs robes noires et leurs armes blanches sont toujours joyeusement accueillis. Les enfants de l'avenir, déshabitués du vieil instrument par les inventions modernes, en riront peut-être moins, et ce sera dommage, car son succès a toujours été en croissant. Dans une Féerie moderne, les Apothicaires étaient devenus une troupe, commençant par de grands garçons et, pour allonger la perspective, finissant par des enfants; quand leur course, évoluant en file, courait follement en farandole serpentine, la salle éclatait en longs rires, auxquels les grands avaient autant de part que les petits. Je me souviens d'avoir vu le programme d'une représentation officielle de *Pourceaugnac* par la Comédie-Française, au château de Saint-Cloud, je crois, sur lequel le Roi Louis-Philippe avait écrit de sa magistrale et grosse écriture : *Surtout, beaucoup de seringues*, et le Roi avait bien raison. Pourtant, du temps de Louis XIV, nous savons qu'il n'y avait que six Matassins, et cela se comprend ; il est facile de se rendre compte qu'avec le rétrécissement des coulisses commandé par les gros murs, la scène de la Galerie de Chambord ne pouvait pas être bien grande, et les Entrées des Intermèdes sont habituellement indiquées comme composées de six Danseurs. Mais ce n'est pas être infidèle à Molière que d'augmenter le nombre de cette figuration fantaisiste pour ajouter à l'effet.

Ce n'est qu'un détail, toujours amusant. Ce qui est la Comédie, c'est la succession des malheurs de Pourceaugnac, plus plaisants les uns que les autres, incessamment inventés par les deux Fourbes, la brune et vive Nérine, sœur cadette de la Frosine de *l'Avare*, et Sbrigani, le frère aîné de Scapin et plus fort que Mascarille, le premier *Fourbûm imperator* de la dynastie. Dans cette suite de fourberies ingénieuses et merveilleusement machinées, il n'y en a pas trop pour l'amusement et le plaisir de la galerie, mais il y en a beaucoup, et il n'en fallait pas tant pour venir à bout du pauvre homme. Il n'est vraiment pas de force à se défendre, et la voie de son martyre est féconde en stations.

Sbrigani s'empare de lui au débotté. Eraste lui offre sa maison et le donne en proie à deux Médecins, aussi drôlement et solennellement stupides qu'on puisse le désirer — Molière ne pouvait pas manquer l'occasion de tirer une fois de plus sur ses plastrons habituels et de reprendre à nouveau une raillerie qui lui venait d'elle-même et qu'il a toujours traitée avec une verve aussi neuve que plaisante — et les Médecins livrent Pourceaugnac aux seringues des Apothicaires. C'est ensuite le Marchand Flamand qui vient baragouiner à Oronte que son Gendre doit beaucoup d'argent et qu'il y a sentence contre lui, et, bien pis encore, les deux Femmes, qui viennent du Nord et du Midi, la Lucette de Pézenas et la Picarde de Saint-Quentin, lui tombant sur le dos, l'une avec un enfant et l'autre avec deux, d'où la consultation des Avocats sur le cas pendable de la polygamie, et toutes ces histoires extravagantes ahurissent et bernent Oronte autant que son Gendre. Là-dessus Sbrigani fait déguiser sa victime en Femme de Qualité et le livre

aux entreprises amoureuses de deux faux Suisses, d'où l'intervention de
l'Exempt de raccroc, se faisant payer pour faire échapper Pourceaugnac,
qui le trouve le seul honnête homme qu'il ait rencontré à Paris, ce qui
manque de justice pour son ami Sbrigani. Enfin, quand il a quitté la
place, c'est Julie, aussi moqueuse de son père que du hobereau Limousin,
qui continue de feindre pour lui une folle passion afin de se faire contraindre à épouser celui qu'elle aime et qui, avec Sbrigani, a mené toute
la campagne.

En pourrait-on plus accumuler et avec autant de gaîtés ? Moins aurait
largement suffi, mais les mystificateurs, une fois partis, une fois en
veine et en verve, arrivent à s'amuser pour leur propre compte et à
s'exciter à l'envi pour prolonger leur plaisir ; Sbrigani se déguise en
Marchand Flamand et Nérine en Saint-Quentinoise pour montrer qu'ils
patoisent à merveille. Il ne leur suffit pas d'inventer et de dresser
des compères ; ils ne sont pas fâchés de remplir aussi des rôles dans
leur machinerie endiablée.

Molière s'était réservé le rôle écrasant de Pourceaugnac, et l'on trouve,
dans l'inventaire dressé après son décès, le détail de son costume, soi-
gneusement gardé, comme du reste tous ceux de ses grands rôles :

> Un habit pour la représentation de *Pourceaugnac*, consistant en un haut de chausses
de damas rouge, garni de dentelles, un juste-au-corps de velours blanc garni d'or
faux, un ceinturon à frange, des jarretières vertes, un chapeau gris garni d'une
plume verte, une paire de gants, une jupe de taffetas vert garni de dentelle et un
manteau de taffetas noir, une paire de souliers. Prisé trente livres.

Alceste, l'homme aux rubans verts, et l'on sait que Molière aimait
particulièrement cette couleur, aurait pu aller chez Célimène avec l'habit
de Pourceaugnac. Il est, du reste, à remarquer combien dans Molière
les costumes étaient habituellement riches, parfois même au delà du rôle ;
il fallait cette élégance pour ne pas détonner à côté des Intermèdes,
et figurer comme il convenait dans le Divertissement. Pourceaugnac et le
Bourgeois gentilhomme veulent être mis comme les Gens de la Cour, et
leurs habits sont du bon faiseur. Du reste, ce qui est drôle dans Pourceaugnac, c'est moins lui-même que tout ce qu'on fait contre lui ; il est
affolé, battu de l'oiseau, mais, au fond, malgré ses prétentions nobiliaires
et ses naïvetés provinciales, il n'est pas si ridicule qu'on le dit, et Molière
l'a personnellement plutôt épargné. C'est un Bourgeois comme Oronte,

les rangs et les fortunes se valent et se conviennent. Sans le goût de Julie pour Eraste, tout aurait été très simple. Or Pourceaugnac fut resté à Paris, où il aurait emmené sa Femme à Limoges, et ils auraient eu beaucoup d'enfants. Seulement il n'y aurait pas eu de Pièce, et c'eût été grand dommage.

Maintenant d'où est venue à Molière l'idée de cette charge à fond de train sur un Limousin ? Un savant local, M. René Fages, a traité la question dans un mémoire spécial, aussi prudent que judicieux, mais il ne conclut pas et on ne peut que le suivre.

On a souvent écrit que Molière, dans ses pérégrinations provinciales, avait été sifflé à Limoges et qu'il s'en était vengé. Il faut convenir que sa rancune aurait dormi longtemps, et l'on ne comprend guère qu'après tant d'années il ait eu l'idée de la reprendre et de la faire sortir au jour. Il est possible qu'il ait joué à Limoges, mais jusqu'ici il n'a pas encore été produit une date, un témoignage, un document qui nous en viennent dire quelque chose. C'est lui seul qui nous est garant de son passage à Limoges.

Léonard est un prénom local fréquent en Limousin. Petit-Jean, « ce « Traiteur qui fait si bonne chère », était dans la Cité et rivalisait avec un autre Traiteur, Ringuet, qui était en Ville. L'église Saint-Etienne était effectivement l'un des deux Chapitres canoniaux de Limoges. La promenade et cimetière des Arènes, autrefois le cimetière de la paroisse Saint-Michel et dont l'emplacement fait aujourd'hui partie du Champ de foire et de la Promenade d'Orsay, conservait, depuis le Moyen âge, dans son appellation le souvenir du vieil Amphithéâtre Romain, dont un pan de mur, bordant un des côtés de la Place des Arènes, existait encore du temps de Molière. Cela nous prouve qu'il se souvenait bien de Limoges, mais nous ne savons rien au delà. Les plaisanteries de Rabelais sur l'Escholier Limousin « masche-rabe » ne seraient-elles pas suffisantes pour avoir désigné Limoges à la verve satirique de Poquelin ?

En même temps on n'est pas plus fixé sur la question de savoir si son héros a eu un modèle et si c'est un portrait qui soit la copie d'une réalité individuelle. Un Limousin a-t-il eu à Paris avec les Comédiens de son Théâtre une querelle qui lui ait donné l'idée de le faire monter sur les planches ? On n'en sait rien.

Le témoignage de Robinet, qui, comme Perrault, fait de Pourceaugnac un Marquis, offre au moins matière à réflexion.

> *Enfin j'ai vu, semel et bis,*
> *La perle et la fleur des Marquis*
> *De la façon du Sieur Molière...*
> *Il joue, autant bien qu'il se peut,*
> *Le Marquis de nouvelle fonte,*
> *Dont par hasard, à ce qu'on conte,*
> *L'original est à Paris,*
> *En colère autant que surpris*
> *De se voir dépeint de la sorte;*
> *Il jure, tempête, s'emporte*
> *Et veut faire ajourner l'auteur*
> *En réparation d'honneur,*
> *Tant pour lui que pour sa famille,*
> *Laquelle en Pourceaugnac fourmille.*
> *Peut-être est-ce quelque rieur,*
> *Qui de ce conte est l'inventeur.*

Les deux derniers vers infirment un peu les premiers, mais la chose, qui viendrait de Paris, fût-elle vraie, il y aurait encore à se demander si Molière avait connu l'homme d'avance et si cette colère n'était pas celle d'un spectateur et par conséquent postérieure à la Pièce. On a bien souvent vu des gens se reconnaître et se plaindre d'avoir été turlupinés, alors que l'auteur ne les connaissait pas du tout et n'avait fait qu'un portrait de fantaisie.

On a fait aussi de Molière des critiques bien inattendues. Il savait mal le patois, ou, comme on voudra, le dialecte qu'il a prétendu employer. La terminaison *gnaud* étant plus fréquente que *gnac* en Limousin, il aurait dû dire « Monsieur de Pourceaugnaud », mais la finale *gnac*, étant plus sonore et plus méridionale, est certainement plus gaie. On a corrigé et récrit, pour la plus grande gloire de l'exactitude, le rôle de Nérine, qui ne parle pas la vraie langue de Pézénas, dont elle n'est pas d'ailleurs. De plus, si elle avait parlé aussi purement que les philologues provinciaux le désireraient, elle eût été incompréhensible; il lui suffit de patoiser. Lorsque au Théâtre on met en scène un Etranger, il faudrait alors lui faire parler sa langue, et les spectateurs se trouveraient si quinauds que cela pourrait tourner mal pour la Pièce. On se contente de l'affubler d'un mauvais français ridicule, d'accuser sa prononciation native, de traduire ses idiotismes et d'amuser avec les bizarreries de son accent. C'est une convention, mais elle est naturelle et indispensable.

Un point très contemporain est la raillerie des faux Nobles. Ce hobereau de Pourceaugnac n'est qu'un Robin, rompu à toutes les rubriques de la chicane, et il singe le Gentilhomme. On faisait alors officiellement la recherche de la Noblesse pour en exclure ceux qui voulaient s'y glisser, autant par vanité que pour échapper à l'impôt. L'allusion n'a pas dû déplaire au Roi, mais, si l'on inférait de là que Louis XIV a commandé la Pièce, où ce n'est d'ailleurs qu'un détail, et en a donné le sujet à Molière, la conclusion serait singulièrement forcée et absolument fausse.

Revenons-en à ce qu'a dit Voltaire : « *Pourceaugnac* est une Farce, mais « il y a, dans toutes les Farces de Molière, des scènes dignes de la haute « Comédie. Un homme supérieur, quand il badine, ne peut badiner « qu'avec esprit. » C'est parfaitement juste, mais ne serait-il pas plus juste encore de dire que c'est une Farce de génie? Diderot, dans son Essai sur la poésie dramatique, a sur elle un mot bon à rappeler : « Si l'on « croit qu'il y ait beaucoup plus d'hommes capables de faire *Pourceau-* « *gnac* que le *Misanthrope*, on se trompe. »

ANATOLE DE MONTAIGLON.

MONSIEUR
DE
POURCEAUGNAC
COMEDIE

Maurice Leloir inv.　　　　　Emile Testard Editeur　　　　　Géry-Bichard sc.

M. DE POURCEAUGNAC

Imp. A. Salmon & Ardail, Paris.

MONSIEUR

DE

POURCEAUGNAC

COMEDIE

FAITE A CHAMBORD

POUR LE DIVERTISSEMENT DU ROY

PAR

J.B.P. MOLIERE

A PARIS

CHEZ JEAN RIBOU, AU PALAIS, VIS A VIS
LA PORTE DE L'EGLISE DE LA SAINTE CHAPELLE,
A L'IMAGE S. LOUIS.

M.DC.LXX.

AVEC PRIVILEGE DU ROY

Extrait du Privilège du Roy.

Par Grâce et Privilège du Roy, donné à Paris le 20ᵉ jour de Février, l'an de Grâce 1670, signé : « *Par le Roy en son Conseil,* BOUCHET », il est permis à JEAN BAPTISTE POCQUELIN DE MOLIÈRE, l'un de nos Comédiens, de faire imprimer, vendre et débiter une Pièce de Théâtre intitulée : MONSIEUR DE POURCEAUGNAC, et ce par tel Libraire ou Imprimeur qu'il voudra choisir, pendant le temps et espace de cinq années entières et accomplies, à compter du jour que ladite Pièce sera achevée d'imprimer pour la première fois. Et Défenses sont faites à toutes personnes, de quelque Qualité ou Condition qu'ils soient, d'imprimer, faire imprimer, vendre ou débiter ladite Pièce sans le consentement de l'Exposant, ou de ceux qui auront droict de luy, à peine de six mille livres d'amende, confiscation des exemplaires contrefaits, et de tous despens, dommages et intérests, ainsi que plus au long il est porté audit Privilège.

Registré sur le Livre de la Communauté, suivant l'Arrest de la Cour du 8 avril 1653, le 28 février 1670.

Signé : A. SOUBRON, Syndic.

Ledit J. B. P. DE MOLIÈRE *a cédé le présent Privilège à* JEAN RIBOU, *Marchand Libraire à Paris, pour en jouir suivant l'accord fait entre eux.*

Achevé d'imprimer pour la première fois le 3. jour de Mars 1670.

XXIV.   I

ACTEURS

Monsieur de POURCEAUGNAC.
ORONTE.
JULIE, Fille d'Oronte.
NÉRINE, Femme d'intrigue.
LUCETTE feinte Gasconne.
ÉRASTE, Amant de Julie.
SBRIGANI, Napolitain, Homme
    d'intrigue.
Premier Médecin
Second Médecin.
L'Apotiquaire.
Un Paysan.
Une Paysane.
Premier Musicien.
Second Musicien.
Premier Advocat.
Second Advocat,
Premier Suisse.
Second Suisse.
Un Exempt.
Deux Archers.
Plusieurs Musiciens,
Joueurs d'instrumens,
    et Danceurs.

La Scène est à Paris.

PROLOGUE

L'Ouverture se fait par Eraste, qui conduit un grand Concert de Voix et d'Instrumens pour une Sérénade, dont les paroles, chantées par trois Voix en manière de Dialogue, sont faites sur le sujet de la Comédie, et expriment les sentimens de deux Amans, qui, estans bien ensemble, sont traversez par le caprice des Parens.

PREMIÈRE VOIX

Répans, charmante Nuit, répans sur tous les yeux
De tes pavots la douce violence,
Et ne laisse veiller en ces aimables lieux
Que les cœurs que l'Amour soûmet à sa puissance.
Tes ombres et ton silence,
Plus beaux que le plus beau jour,
Offrent de doux momens à soûpirer d'amour.

DEUXIÈME VOIX

Que soûpirer d'amour
Est une douce chose,
Quand rien à nos vœux ne s'oppose !
A d'aimables penchans nostre cœur nous dispose,
Mais on a des Tyrans à qui l'on doit le jour :
Que soûpirer d'amour
Est une douce chose,
Quand rien à nos vœux ne s'oppose !

TROISIÈME VOIX

Tout ce qu'à nos vœux on oppose
Contre un parfait amour ne gagne jamais rien,
Et, pour vaincre toute chose,
Il ne faut que s'aimer bien.

LES TROIS VOIX ENSEMBLE

Aimons-nous donc d'une ardeur éternelle ;
Les rigueurs des Parens, la contrainte cruelle,
L'absence, les travaux, la fortune rebelle,
Ne font que redoubler une amitié fidelle ;
Aimons-nous donc d'une ardeur éternelle.
Quand deux cœurs s'aiment bien,
Tout le reste n'est rien.

La Sérénade est suivie d'une Dance de deux Pages, pendant laquelle

quatre Curieux de Spectacles, ayant pris querelle ensemble, mettent l'épée
à la main. Après un assez agréable Combat, ils sont séparez par deux
Suisses, qui, les ayant mis d'accord, dancent avec eux au son de tous les
Instrumens.

MONSIEUR
DE
POURCEAUGNAC

COMEDIE

ACTE PREMIER

SCÈNE PREMIÈRE

JULIE, ERASTE, NERINE

JULIE

ON Dieu, Eraste, gardons d'estre surpris. Je tremble qu'on ne nous voye ensemble, et tout seroit perdu, après la défense que l'on m'a faite.

ERASTE

Je regarde de tous côtez, et je n'apperçoy rien.

JULIE

Aye aussi l'œil au guet, Nérine, et prens bien garde qu'il ne vienne personne.

NERINE

Reposez-vous sur moy, et dites hardiment ce que vous avez à vous dire.

JULIE

Avez-vous imaginé pour nostre affaire quelque chose de favorable ? et croyez-vous, Eraste, pouvoir venir à bout de détourner ce fâcheux Mariage, que mon Père s'est mis en tête ?

ERASTE

Au moins y travaillons-nous fortement, et déjà nous avons préparé un bon nombre de Batteries pour renverser ce dessein ridicule.

NERINE

Par ma foy, voilà vostre Père !

JULIE

Ah, séparons-nous viste.

NERINE

Non, non, non, ne bougez ; je m'estois trompée.

JULIE

Mon Dieu, Nérine, que tu es sotte, de nous donner de ces frayeurs !

ERASTE

Oüy, belle Julie, nous avons dressé pour cela quantité de Machines, et nous ne feignons point de mettre tout en usage, sur la permission que vous m'avez donnée. Ne nous demandez point tous les ressorts que nous ferons joüer ; vous en aurez le divertissement, et, comme aux Comédies, il est bon de vous laisser le plaisir de la surprise, et de ne vous avertir point de tout ce qu'on vous fera voir. C'est assez de vous dire que nous avons en main divers stratagêmes tout prests à produire dans l'occasion, et que l'ingénieuse Nérine et l'adroit Sbrigani entreprennent l'affaire.

NERINE

Assurément. Vostre Père se mocque-t-il de vouloir vous anger de son Avocat de Limoges, Monsieur de Pourceaugnac, qu'il n'a veu de sa vie, et qui vient par le Coche vous enlever à nostre barbe ? Faut-il que trois ou quatre mille escus de plus, sur la parole de vostre Oncle, luy fassent rejetter un Amant qui vous agrée ? et une Personne comme vous, est-elle faite pour un Limosin ? S'il a envie de se marier, que ne

XXIV.   2

prend-il une Limosine, et ne laisse-t-il en repos les
Chrestiens ? Le seul nom de Monsieur de Pourceaugnac m'a mis dans une colère effroyable. J'enrage de
Monsieur de Pourceaugnac. Quand il n'y auroit que
ce nom-là : « Monsieur de Pourceaugnac », j'y brûleray
mes Livres, ou je rompray ce Mariage, et vous ne
serez point Madame de Pourceaugnac. Pourceaugnac !
Cela se peut-il souffrir ? Non. Pourceaugnac est une
chose que je ne sçaurois suporter, et nous luy jouërons
rons tant de pièces, nous luy ferons tant de niches sur
niches, que nous renvoyrons à Limoges Monsieur de
Pourceaugnac.

ERASTE

Voicy nostre subtil Napolitain, qui nous dira des
nouvelles.

SCÈNE II

SBRIGANI, JULIE, ERASTE, NERINE

SBRIGANI

Monsieur, vostre Homme arrive. Je l'ay veu à trois
lieuës d'icy, où a couché le Coche ; et, dans la Cui-
sine où il est descendu pour déjeûner, je l'ay étudié
une bonne grosse demie heure, et je le sçay déjà par
cœur. Pour sa figure, je ne veux point vous en parler ;

vous verrez de quel air la Nature l'a desseinée, et si
l'ajustement qui l'accompagne y répond comme il faut :
mais, pour son esprit, je vous avertis, par avance, qu'il
est des plus épais qui se fassent ; que nous trouvons
en luy une matière tout-à-fait disposée pour ce que
nous voulons, et qu'il est Homme enfin à donner
dans tous les paneaux qu'on luy présentera.

ERASTE

Nous dis-tu vray ?

SBRIGANI

Oüy, si je me connois en Gens.

NERINE

Madame, voilà un Illustre ; vostre affaire ne pou-
voit estre mise en de meilleures mains, et c'est le
Héros de nostre Siècle pour les exploits dont il s'agit ;
un Homme qui, vingt fois en sa vie, pour servir ses
amis, a généreusement affronté les Galères ; qui, au
péril de ses bras et de ses épaules, sçait mettre noble-
ment à fin les avantures les plus difficiles, et qui, tel
que vous le voyez, est exilé de son Païs pour je ne
sçay combien d'actions honorables qu'il a généreusement entreprises.

SBRIGANI

Je suis confus des loüanges dont vous m'honorez,

et je pourois vous en donner avec plus de justice sur
les merveilles de vostre vie ; et principalement sur la
gloire que vous acquistes, lors qu'avec tant d'honnes-
teté vous pipâtes au jeu, pour douze mille escus, ce
jeune Seigneur étranger que l'on mena chez vous ; lors
que vous fistes galamment ce faux Contract, qui ruina
toute une Famille ; lors qu'avec tant de grandeur
d'ame, vous sçeûtes nier le dépost qu'on vous avoit
confié ; et que si généreusement on vous vit prester
vostre témoignage à faire pendre ces deux Personnes
qui ne l'avoient pas mérité.

NERINE

Ce sont petites bagatelles qui ne valent pas qu'on
en parle, et vos éloges me font rougir.

SBRIGANI

Je veux bien épargner vostre modestie ; laissons
cela, et, pour commencer nostre affaire, allons viste
joindre nostre Provincial, tandis que, de vostre côté,
vous nous tiendrez prests au besoin les autres Acteurs
de la Comédie.

ERASTE

Au moins, Madame, souvenez-vous de vostre rolle ;
et, pour mieux couvrir nostre jeu, feignez, comme on
vous a dit, d'estre la plus contente du monde des
résolutions de vostre Père.

JULIE

S'il ne tient qu'à cela, les choses iront à merveille.

ERASTE

Mais, belle Julie, si toutes nos Machines venoient à ne pas réussir ?

JULIE

Je déclareray à mon Père mes véritables sentimens.

ERASTE

Et si, contre vos sentimens, il s'obstinoit à son dessein ?

JULIE

Je le menacerois de me jetter dans un Couvent.

ERASTE

Mais si, malgré tout cela, il vouloit vous forcer à ce Mariage ?

JULIE

Que voulez-vous que je vous dise ?

ERASTE

Ce que je veux que vous me disiez ?

JULIE

Oüy.

ERASTE

Ce qu'on dit quand on aime bien.

JULIE

Mais quoy ?

ERASTE

Que rien ne pourra vous contraindre, et que, malgré tous les efforts d'un Père, vous me promettez d'estre à moy.

JULIE

Mon Dieu, Eraste, contentez-vous de ce que je fais maintenant, et n'allez point tenter sur l'avenir les résolutions de mon cœur ; ne fatiguez point mon devoir par les propositions d'une fâcheuse extrêmité, dont peut-estre n'aurons-nous pas besoin ; et, s'il y faut venir, souffrez au moins que j'y sois entraînée par la suite des choses.

ERASTE

Et bien...

SBRIGANI

Ma foy, voicy nostre homme ; songeons à nous.

NERINE

Ah, comme il est basty !

SCÈNE III

M. DE POURCEAUGNAC *se tourne du costé d'où il vient,*
comme parlant à des Gens qui le suivent; SBRIGANI

M. POURCEAUGNAC

Eh bien, quoy ? Qu'est-ce ? Qu'y a-t-il ? Au diantre
soit la sotte Ville, et les sottes Gens qui y sont ; ne
pouvoir faire un pas sans trouver des Nigauds qui
vous regardent, et se mettent à rire ? Eh, Messieurs
les Badauts, faites vos affaires, et laissez passer les
personnes sans leur rire au nez. Je me donne au
Diable, si je ne baille un coup de poing au premier
que je verray rire.

SBRIGANI

Qu'est-ce que c'est, Messieurs ? Que veut dire cela ?
A qui en avez-vous ? Faut-il se moquer ainsi des
honnestes Etrangers qui arrivent icy ?

M. POURCEAUGNAC

Voilà un Homme raisonnable celuy-là.

SBRIGANI

Quel procédé est le vostre, et qu'avez-vous à rire ?

M. POURCEAUGNAC

Fort bien.

SBRIGANI

Monsieur a-t-il quelque chose de ridicule en soy ?

M. POURCEAUGNAC

Oüy.

SBRIGANI

Est-il autrement que les autres ?

M. POURCEAUGNAC

Suis-je tortu, ou bossu ?

SBRIGANI

Apprenez à connoistre les gens.

M. POURCEAUGNAC

C'est bien dit.

SBRIGANI

Monsieur est d'une mine à respecter;

M. POURCEAUGNAC

Cela est vray.

SBRIGANI

Personne de Condition;

M. POURCEAUGNAC

Oüy, Gentilhomme Limosin.

SBRIGANI

Homme d'esprit.

M. POURCEAUGNAC

Qui a étudié en Droict.

SBRIGANI

Il vous fait trop d'honneur de venir dans vostre
Ville ;

M. POURCEAUGNAC

Sans doute.

SBRIGANI

Monsieur n'est point une Personne à faire rire,

M. POURCEAUGNAC

Assurément.

SBRIGANI

Et quiconque rira de luy, aura affaire à moy.

M. POURCEAUGNAC

Monsieur, je vous suis infiniment obligé.

SBRIGANI

Je suis fâché, Monsieur, de voir recevoir de la sorte
une Personne comme vous, et je vous demande pardon pour la Ville.

M. POURCEAUGNAC

Je suis vostre serviteur.

SBRIGANI

Je vous ay veu ce matin, Monsieur, avec le Coche,

XXIV.   3

lors que vous avez déjeûné ; et la grâce avec laquelle
vous mangiez vostre pain, m'a fait naistre d'abord de
l'amitié pour vous. Et, comme je sçay que vous n'estes
jamais venu en ce Païs, et que vous y estes tout neuf,
je suis bien aise de vous avoir trouvé, pour vous offrir
mon service à cette arrivée, et vous aider à vous conduire parmy ce Peuple, qui n'a pas par fois pour les
honnestes Gens toute la considération qu'il faudroit.

M. POURCEAUGNAC

C'est trop de grâce que vous me faites.

SBRIGANI

Je vous l'ay déjà dit ; du moment que je vous ay
veu, je me suis senty pour vous de l'inclination.

M. POURCEAUGNAC

Je vous suis obligé.

SBRIGANI

Votre phisionomie m'a plû.

M. POURCEAUGNAC

Ce m'est beaucoup d'honneur.

SBRIGANI

J'y ay veu quelque chose d'honneste,

M. POURCEAUGNAC

Je suis vostre serviteur.

SBRIGANI

Quelque chose d'aimable,

M. POURCEAUGNAC

Ah, ah.

SBRIGANI

De gracieux,

M. POURCEAUGNAC

Ah, ah.

SBRIGANI

De doux,

M. POURCEAUGNAC

Ah, ah.

SBRIGANI

De majestueux,

M. POURCEAUGNAC

Ah, ah.

SBRIGANI

De franc,

M. POURCEAUGNAC

Ah, ah.

SBRIGANI

Et de cordial.

M. POURCEAUGNAC

Ah, ah.

SBRIGANI

Je vous assure que je suis tout à vous;

M. POURCEAUGNAC

Je vous ay beaucoup d'obligation.

SBRIGANI

C'est du fonds du cœur que je parle ;

M. POURCEAUGNAC

Je le croy.

SBRIGANI

Si j'avois l'honneur d'estre connu de vous, vous
sçauriez que je suis un Homme tout-à-fait sincère,

M. POURCEAUGNAC

Je n'en doute point.

SBRIGANI

Ennemy de la fourberie,

M. POURCEAUGNAC

J'en suis persuadé.

SBRIGANI

Et qui n'est pas capable de déguiser ses sentimens.

M. POURCEAUGNAC

C'est ma pensée.

SBRIGANI

Vous regardez mon habit, qui n'est pas fait comme
les autres : mais je suis originaire de Naples, à vostre

service, et j'ay voulu conserver un peu et la manière de s'habiller, et la sincérité de mon Païs.

M. POURCEAUGNAC

C'est fort bien fait. Pour moy, j'ay voulu me mettre à la mode de la Cour pour la Campagne.

SBRIGANI

Ma foy, cela vous va mieux qu'à tous nos Courtisans.

M. POURCEAUGNAC

C'est ce que m'a dit mon Tailleur; l'habit est propre et riche, et il fera du bruit icy.

SBRIGANI

Sans doute. N'irez-vous pas au Louvre ?

M. POURCEAUGNAC

Il faudra bien aller faire ma Cour.

SBRIGANI

Le Roy sera ravy de vous voir.

M. POURCEAUGNAC

Je le croy.

SBRIGANI

Avez-vous arresté un Logis ?

M. POURCEAUGNAC

Non ; j'allois en chercher un.

SBRIGANI

Je seray bien aise d'estre avec vous pour cela, et je connois tout ce Païs-cy.

SCÈNE IV

ERASTE, SBRIGANI, M. DE POURCEAUGNAC

ERASTE

Ah! qu'est-ce-cy? Que voy-je? Quelle heureuse rencontre! Monsieur de Pourceaugnac? Que je suis ravy de vous voir! Comment? Il semble que vous ayez peine à me reconnoistre?

M. POURCEAUGNAC

Monsieur, je suis vostre serviteur.

ERASTE

Est-il possible que cinq ou six années m'ayent osté de vostre mémoire, et que vous ne reconnoissiez pas le meilleur Amy de toute la Famille des Pourceaugnacs?

M. POURCEAUGNAC

Pardonnez-moy. *(A Sbrigani.)* Ma foy, je ne sçay qui il est.

ERASTE

Il n'y a pas un Pourceaugnac à Limoges que je ne

connoisse, depuis le plus grand jusques au plus petit ;
je ne fréquentois qu'eux dans le temps que j'y estois,
et j'avois l'honneur de vous voir presque tous les
jours.

M. POURCEAUGNAC

C'est moy qui l'ay reçeu, Monsieur.

ERASTE

Vous ne vous remettez point mon visage ?

M. POURCEAUGNAC

Si fait. *(A Sbrigani.)* Je ne le connois point.

ERASTE

Vous ne vous ressouvenez pas que j'ay eu le bon-
heur de boire avec vous je ne sçay combien de fois ?

M. POURCEAUGNAC

Excusez-moy. *(A Sbrigani.)* Je ne sçay ce que c'est.

ERASTE

Comment appellez-vous ce Traitteur de Limoges,
qui fait si bonne chère ?

M. POURCEAUGNAC

Petit-Jean.

ERASTE

Le voilà. Nous allions le plus souvent ensemble
chez luy nous réjoüir. Comment est-ce que vous nom-
mez à Limoges ce lieu où l'on se promène ?

M. POURCEAUGNAC

Le Cimetière des Arènes.

ERASTE

Justement; c'est où je passois de si douces heures
à joüir de vostre agréable conversation. Vous ne vous
remettez pas tout cela ?

M. POURCEAUGNAC

Excusez-moy, je me le remets. *(A Sbrigani.)* Diable
emporte, si je m'en souviens.

SBRIGANI

Il y a cent choses comme cela qui passent de la
teste.

ERASTE

Embrassez-moy donc, je vous prie, et resserrons les
nœuds de nostre ancienne amitié.

SBRIGANI

Voilà un Homme qui vous aime fort.

ERASTE

Dites-moy un peu des nouvelles de toute la Parenté :
Comment se porte Monsieur vostre... là... qui est si
honneste homme ?

M. POURCEAUGNAC

Mon Frère le Consul ?

ERASTE

Oüy.

M. POURCEAUGNAC

Il se porte le mieux du Monde.

ERASTE

Certes j'en suis ravy. Et celuy qui est de si bonne humeur ? là... Monsieur vostre...

M. POURCEAUGNAC

Mon Cousin l'Assesseur ?

ERASTE

Justement.

M. POURCEAUGNAC

Toûjours gay et gaillard.

ERASTE

Ma foy, j'en ay beaucoup de joye. Et Monsieur vostre Oncle ? Le...

M. POURCEAUGNAC

Je n'ay point d'Oncle.

ERASTE

Vous aviez pourtant en ce temps-là...

M. POURCEAUGNAC

Non, rien qu'une Tante.

XXIV.   4

ERASTE

C'est ce que je voulois dire, Madame vostre Tante;
comment se porte-t-elle ?

M. POURCEAUGNAC

Elle est morte depuis six mois.

ERASTE

Hélas la pauvre femme! elle estoit si bonne personne.

M. POURCEAUGNAC

Nous avons aussi mon Neveu le Chanoine, qui a
pensé mourir de la petite vérole.

ERASTE

Quel dommage ç'auroit esté!

M. POURCEAUGNAC

Le connoissez-vous aussy ?

ERASTE

Vraiment si je le connois! Un grand Garçon bien
fait.

M. POURCEAUGNAC

Pas des plus grands.

ERASTE

Non, mais de taille bien prise,

M. POURCEAUGNAC

Eh oüy.

ERASTE

Qui est vostre Neveu...

M. POURCEAUGNAC

Oüy.

ERASTE

Fils de vostre Frère ou de vostre Sœur...

M. POURCEAUGNAC

Justement.

ERASTE

Chanoine de l'Eglise de... Comment l'appellez-vous ?

M. POURCEAUGNAC

De Saint-Estienne.

ERASTE

Le voilà ; je ne connois autre.

M. POURCEAUGNAC

Il dit toute la Parenté.

SBRIGANI

Il vous connoist plus que vous ne croyez.

M. POURCEAUGNAC

A ce que je vois, vous avez demeuré long-temps dans nostre Ville ?

ERASTE

Deux ans entiers.

M. POURCEAUGNAC

Vous estiez donc là quand mon Cousin l'Eleu fit
tenir son enfant à Monsieur nostre Gouverneur ?

ERASTE

Vraiment ouy ; j'y fus convié des premiers.

M. POURCEAUGNAC

Cela fut galant.

ERASTE

Très-galant.

M. POURCEAUGNAC

C'estoit un repas bien troussé.

ERASTE

Sans doute.

M. POURCEAUGNAC

Vous vistes donc aussi la querelle que j'eus avec
ce Gentilhomme Périgordin ?

ERASTE

Oüy.

M. POURCEAUGNAC

Parbleu, il trouva à qui parler !

ERASTE

Ah, ah.

M. POURCEAUGNAC

Il me donna un soufflet, mais je luy dis bien son fait.

ERASTE

Assurément. Au reste, je ne prétens pas que vous preniez d'autre Logis que le mien.

M. POURCEAUGNAC

Je n'ay garde de...

ERASTE

Vous moquez-vous ? Je ne souffriray point du tout que mon meilleur Amy soit autre part que dans ma Maison.

M. POURCEAUGNAC

Ce seroit vous...

ERASTE

Non, le Diable m'emporte, vous logerez chez moy.

SBRIGANI

Puisqu'il le veut obstinément, je vous conseille d'accepter l'offre.

ERASTE

Où sont vos hardes ?

M. POURCEAUGNAC

Je les ay laissées, avec mon Valet, où je suis descendu.

ERASTE

Envoyez-les quérir par quelqu'un.

M. POURCEAUGNAC

Non, je luy ay défendu de bouger, à moins que j'y fusse moy-mesme, de peur de quelque fourberie.

SBRIGANI

C'est prudemment avisé.

M. POURCEAUGNAC

Ce Païs-cy est un peu sujet à caution.

ERASTE

On voit les Gens d'esprit en tout.

SBRIGANI

Je vais accompagner Monsieur, et le ramèneray où vous voudrez.

ERASTE

Oüy, je seray bien-aise de donner quelques ordres, et vous n'avez qu'à revenir à cette Maison-là.

SBRIGANI

Nous sommes à vous tout à l'heure.

ERASTE

Je vous attens avec impatience.

M. POURCEAUGNAC

Voilà une connoissance où je ne m'attendois point.

SBRIGANI

Il a la mine d'estre honneste Homme.

ERASTE *seul.*

Ma foy, Monsieur de Pourceaugnac, nous vous en donnerons de toutes les façons ; les choses sont préparées, et je n'ay qu'à fraper.

SCÈNE V

L'APOTIQUAIRE, ERASTE

ERASTE

Je croy, Monsieur, que vous estes le Médecin, à qui l'on est venu parler de ma part.

L'APOTIQUAIRE

Non, Monsieur, ce n'est pas moy qui suis le Médecin ; à moy n'appartient pas cet honneur, et je ne suis qu'Apotiquaire, Apotiquaire indigne, pour vous servir.

ERASTE

Et Monsieur le Médecin est-il à la Maison ?

L'APOTIQUAIRE

Oüy, il est là embarrassé à expédier quelques Malades, et je vais luy dire que vous estes icy.

ERASTE

Non, ne bougez; j'attendray qu'il ait fait; c'est pour
luy mettre entre les mains certain Parent que nous
avons, dont on luy a parlé, et qui se trouve attaqué
de quelque folie, que nous serions bien aises qu'il pût
guérir avant que de le marier.

L'APOTIQUAIRE

Je sçay ce que c'est, je sçay ce que c'est, et j'estois
avec luy quand on luy a parlé de cette affaire. Ma foy,
ma foy, vous ne pouviez pas vous adresser à un Médecin plus habile; c'est un homme qui sçait la Médecine à fond, comme je sçay ma Croix-de-par-Dieu, et
qui, quand on devroit crever, ne démordroit pas d'un
iota des règles des Anciens. Oüy, il suit toûjours le
grand chemin, le grand chemin, et ne va point chercher midy à quatorze heures, et, pour tout l'or du
Monde, il ne voudroit pas avoir guéri une Personne
avec d'autres remèdes que ceux que la Faculté per-
met.

ERASTE

Il fait fort bien; un Malade ne doit point vouloir
guérir que la Faculté n'y consente.

L'APOTIQUAIRE

Ce n'est pas parce que nous sommes grands Amis
que j'en parle; mais il y a plaisir d'estre son Malade,

et j'aimerois mieux mourir de ses remèdes que de
guérir de ceux d'un autre; car, quoy qui puisse arri-
ver, on est assuré que les choses sont toûjours dans
l'ordre, et, quand on meurt sous sa conduite, vos
Héritiers n'ont rien à vous reprocher.

ERASTE

C'est une grande consolation pour un Défunt.

L'APOTIQUAIRE

Assurément; on est bien aise au moins d'estre
mort méthodiquement. Au reste, il n'est pas de ces
Médecins qui marchandent les maladies; c'est un
Homme expéditif, expéditif, qui aime à dépescher ses
Malades; et, quand on a à mourir, cela se fait avec
luy le plus viste du monde.

ERASTE

En effet, il n'est rien tel que de sortir promptement
d'affaire.

L'APOTIQUAIRE

Cela est vray; à quoy bon tant barguigner et tant
tourner autour du pot? Il faut sçavoir vistement le
court ou le long d'une Maladie.

ERASTE

Vous avez raison.
        XXIV.   5

L'APOTIQUAIRE

Voilà déjà trois de mes Enfans dont il m'a fait
l'honneur de conduire la maladie, qui sont morts en
moins de quatre jours, et qui, entre les mains d'un
autre, auroient languy plus de trois mois.

ERASTE

Il est bon d'avoir des Amis comme cela.

L'APOTIQUAIRE

Sans doute. Il ne me reste que deux Enfans, dont
il prend soin comme des siens; il les traite et gou-
verne à sa fantaisie, sans que je me mesle de rien; et
le plus souvent, quand je reviens de la Ville, je suis
tout étonné que je les trouve saignez ou purgez par
son ordre.

ERASTE

Voilà des soins fort obligeans

L'APOTIQUAIRE

Le voicy, le voicy, le voicy qui vient.

SCÈNE VI

Premier MÉDECIN, Un PAYSAN, Une PAYSANE,
ERASTE, L'APOTIQUAIRE

Le PAYSAN

Monsieur, il n'en peut plus, et il dit qu'il sent dans
la teste les plus grandes douleurs du Monde.

I. MEDECIN

Le Malade est un sot, d'autant plus que, dans la
maladie dont il est attaqué, ce n'est pas la teste, selon
Galien, mais la rate, qui luy doit faire mal.

Le PAYSAN

Quoy que ç'en soit, Monsieur, il a toûjours avec
cela son cours de ventre depuis six mois.

I. MEDECIN

Bon; c'est signe que le dedans se dégage. Je l'iray
visiter dans deux ou trois jours; mais, s'il mouroit
avant ce temps-là, ne manquez pas de m'en donner
avis; car il n'est pas de la civilité qu'un Médecin
visite un Mort.

La PAYSANE

Mon Père, Monsieur, est toûjours malade de plus
en plus.

I. MEDECIN

Ce n'est pas ma faute. Je luy donne des remèdes;
que ne guérist-il? Combien a-t-il été saigné de fois?

LA PAYSANE

Quinze, Monsieur, depuis vingt jours.

I. MEDECIN

Quinze fois saigné?

LA PAYSANE

Oüy.

I. MEDECIN

Et il ne guérit point?

LA PAYSANE

Non, Monsieur.

I. MEDECIN

C'est signe que la maladie n'est pas dans le sang.
Nous le ferons purger autant de fois, pour voir si
elle n'est pas dans les humeurs; et, si rien ne nous
réüssit, nous l'envoyerons aux Bains.

L'APOTIQUAIRE

Voilà le fin cela; voilà le fin de la Médecine.

ERASTE

C'est moy, Monsieur, qui vous ay envoyé parler,
ces jours passez, pour un Parent un peu troublé

d'esprit, que je veux vous donner chez vous, afin de
le guérir avec plus de commodité, et qu'il soit veu de
moins de monde.

I. MEDECIN

Oüy, Monsieur, j'ay déjà disposé tout, et promets
d'en avoir tous les soins imaginables.

ERASTE

Le voicy.

I. MEDECIN

La conjoncture est tout à fait heureuse; et j'ay icy
un Ancien de mes Amis, avec lequel je seray bien
aise de consulter sa maladie.

SCÈNE VII

M. DE POURCEAUGNAC, ERASTE, I. MEDECIN, L'APOTIQUAIRE

ERASTE

Une petite affaire m'est survenüë, qui m'oblige à
vous quitter; mais voilà une Personne entre les mains
de qui je vous laisse, qui aura soin pour moy de vous
traiter du mieux qu'il luy sera possible.

I. MEDECIN

Le devoir de ma profession m'y oblige, et c'est
assez que vous me chargiez de ce soin.

M. POURCEAUGNAC

C'est son Maistre-d'Hostel, et il faut que ce soit un Homme de Qualité.

I. MEDECIN

Oüy, je vous assure que je traitteray Monsieur méthodiquement, et dans toutes les régularitez de nostre Art.

M. POURCEAUGNAC

Mon Dieu, il ne me faut point tant de cérémonies, et je ne viens pas icy pour incommoder.

I. MEDECIN

Un tel employ ne me donne que de la joye.

ERASTE

Voilà toûjours six Pistoles d'avance, en attendant ce que j'ay promis.

M. POURCEAUGNAC

Non, s'il vous plaist; je n'entends pas que vous fassiez de dépense, et que vous envoyiez rien acheter pour moy.

ERASTE

Mon Dieu! laissez faire; ce n'est pas pour ce que vous pensez.

M. POURCEAUGNAC

Je vous demande de ne me traitter qu'en Amy.

ERASTE

C'est ce que je veux faire.

Bas au Médecin :

Je vous recommande sur-tout de ne le point laisser sortir de vos mains, car parfois il veut s'échaper.

I. MEDECIN

Ne vous mettez pas en peine.

ERASTE à *M. P.*

Je vous prie de m'excuser de l'incivilité que je commets.

M. POURCEAUGNAC

Vous vous moquez, et c'est trop de grâce que vous me faites.

SCÈNE VIII

Premier MÉDECIN, II. MÉDECIN,
M. POURCEAUGNAC, L'APOTIQUAIRE

I. MEDECIN

Ce m'est beaucoup d'honneur, Monsieur, d'estre choisi pour vous rendre service.

M. POURCEAUGNAC

Je suis vostre serviteur.

I. MEDECIN

Voicy un habile homme, mon Confrère, avec lequel je vais consulter la manière dont nous vous traiterons.

M. POURCEAUGNAC

Il ne faut point de façons, vous dis-je, et je suis homme à me contenter de l'ordinaire.

I. MEDECIN

Allons, des sièges.

M. POURCEAUGNAC

Voilà, pour un jeune Homme, des Domestiques bien lugubres.

I. MEDECIN

Allons, Monsieur; prenez vostre place, Monsieur.

Lors qu'ils sont assis, les deux Médecins luy prennent chacun une main, pour luy taster le poulx.

M. POURCEAUGNAC *présentant ses mains;*

Vostre très-humble valet.

Voyant qu'ils luy tastent le poulx :

Que veut dire cela ?

I. MEDECIN

Mangez-vous bien, Monsieur ?

M. POURCEAUGNAC

Oüy, et boy encore mieux.

I. MEDECIN

Tant-pis; cette grande appétition du froid et de l'humide, est une indication de la chaleur et séche-resse qui est au dedans. Dormez-vous fort?

M. POURCEAUGNAC

Oüy, quand j'ay bien soupé.

I. MEDECIN

Faites-vous des songes ?

M. POURCEAUGNAC

Quelquefois.

I. MEDECIN

De quelle nature sont-ils ?

M. POURCEAUGNAC

De la nature des songes. Quelle diable de conver-sation est-ce là ?

I. MEDECIN

Vos déjections, comment sont-elles ?

M. POURCEAUGNAC

Ma foy, je ne comprens rien à toutes ces ques-tions, et je veux plûtost boire un coup.

I. MEDECIN

Un peu de patience; nous allons raisonner sur

XXIV.   6

vostre affaire devant vous, et nous le ferons en François, pour estre plus intelligibles.

M. POURCEAUGNAC

Quel grand raisonnement faut-il pour manger un
morceau ?

I. MEDECIN

Comme ainsi soit qu'on ne puisse guérir une maladie qu'on ne la connoisse parfaitement, et qu'on ne
la puisse parfaitement connoistre sans en bien établir
l'idée particulière, et la véritable espèce, par ses signes
diagnostiques et prognostiques ; vous me permettrez,
Monsieur nostre Ancien, d'entrer en considération de
la Maladie dont il s'agit, avant que de toucher à la
Thérapeutique, et aux remèdes qu'il nous conviendra
faire pour la parfaite curation d'icelle. Je dis donc,
Monsieur, avec vostre permission, que nostre Malade,
icy présent, est malheureusement attaqué, affecté, pos-
sédé, travaillé de cette sorte de folie, que nous nommons fort bien Mélancolie hypocondriaque, espèce de
folie très-fâcheuse, et qui ne demande pas moins qu'un
Esculape comme vous, consommé dans nostre Art ;
vous, dis-je, qui avez blanchy, comme on dit, sous le
harnois, et auquel il en a tant passé par les mains de
toutes les façons. Je l'appelle Mélancholie hypocondriaque, pour la distinguer des deux autres ; car le

célèbre Galien établit doctement, à son ordinaire, trois
espèces de cette Maladie, que nous nommons Mélancolie, ainsi appellée non-seulement par les Latins,
mais encore par les Grecs, ce qui est bien à remarquer pour nostre affaire : La première, qui vient du
propre vice du cerveau; la seconde, qui vient de tout
le sang, fait et rendu atrabilaire; la troisième, appellée
hypocondriaque, qui est la nostre, laquelle procède du
vice de quelque partie du bas-ventre, et de la région
inférieure, mais particulièrement de la ratte, dont la
chaleur et l'inflamation porte au cerveau de nostre
Malade beaucoup de fuligines épaisses et crasses, dont
la vapeur noire et maligne cause dépravation aux fonc-
tions de la faculté princesse, et fait la Maladie dont
par notre raisonnement il est maintenant atteint et
convaincu. Qu'ainsi ne soit, pour diagnostique incon-
testable de ce que je dis, vous n'avez qu'à considérer
ce grand sérieux que vous voyez; cette tristesse accompagnée de crainte et de défiance, signes pathognomo-
niques et individuels de cette Maladie, si bien marquée
chez le Divin vieillard Hipocrate; cette phisionomie,
ces yeux rouges et hagards, cette grande barbe, cette
habitude de corps, menuë, gresle, noire et veluë, les-
quels signes le dénotent très affecté de cette Maladie,
procédante du vice des hipocondres; laquelle Maladie,
par laps de temps naturalisée, envieillie, habituée, et

ayant pris droit de Bourgeoisie chez luy, pourroit bien
dégénérer ou en manie, ou en phtisie, ou en apo-
plexie, ou même en fine phrénésie et fureur. Tout
cecy suposé, puis qu'une maladie bien connuë est à
demy guérie, car *ignoti nulla est curatio morbi*, il ne
nous sera pas difficile de convenir des remèdes que
nous devons faire à Monsieur. Premièrement, pour
remédier à cette plétore obturante, et à cette caco-
chimie luxuriante par tout le corps, je suis d'avis qu'il
soit phlébotomisé libéralement, c'est-à-dire que les
saignées soient fréquentes et plantureuses : en premier
lieu, de la basilique, puis de la céphalique, et même,
si le mal est opiniastre, de luy ouvrir la veine du front,
et que l'ouverture soit large, afin que le gros sang
puisse sortir ; et, en mesme temps, de le purger, déso-
piler, et évacuer par purgatifs propres et convenables,
c'est-à-dire, par cholagogues, mélanogogues, *et cætera*.
Et, comme la véritable source de tout le mal est, ou
une humeur crasse et féculente, ou une vapeur noire
et grossière, qui obscurcit, infecte et salit les esprits
animaux, il est à propos, en suite, qu'il prenne un
bain d'eau pure et nette, avec force petit lait clair,
pour purifier par l'eau la féculence de l'humeur crasse,
et éclaircir par le lait clair la noirceur de cette vapeur.
Mais, avant toute chose, je trouve qu'il est bon de le
réjoüir par agréables Conversations, Chants et Instru-

mens de Musique; à quoi il n'y a pas d'inconvénient
de joindre des Danseurs, afin que leurs mouvemens,
disposition et agilité puissent exciter et réveiller la
paresse de ses esprits engourdis, qui occasionne l'épais-
seur de son sang, d'où procède la Maladie. Voilà les
remèdes que j'imagine, auxquels pourront estre adjoû-
tez beaucoup d'autres meilleurs par Monsieur nostre
Maistre et Ancien, suivant l'expérience, jugement,
lumière et suffisance qu'il s'est acquise dans nostre
Art. *Dixi.*

II. MEDECIN

A Dieu ne plaise, Monsieur, qu'il me tombe en
pensée d'ajoûter rien à ce que vous venez de dire;
vous avez si bien discouru sur tous les signes, les
simptosmes et les causes de la maladie de Monsieur;
le raisonnement que vous en avez fait est si docte et
si beau, qu'il est impossible qu'il ne soit pas fou, et
mélancholique hypocondriaque; et, quand il ne le
seroit pas, il faudroit qu'il le devînt, pour la beauté
des choses que vous avez dites, et la justesse du raisonnement que vous avez fait. Oüy, Monsieur, vous
avez dépeint fort graphiquement, *graphice depinxisti*,
tout ce qui appartient à cette Maladie; il ne se peut
rien de plus doctement, sagement, ingénieusement
conçeu, pensé, imaginé, que ce que vous avez pro-
noncé au sujet de ce mal, soit pour la diagnose, ou

la prognose, ou la thérapie, et il ne me reste rien icy, que de féliciter Monsieur d'estre tombé entre vos mains, et de luy dire qu'il est trop heureux d'estre fou, pour éprouver l'efficace et la douceur des remèdes que vous avez si judicieusement proposez. Je les approuve tous; *manibus et pedibus descendo in tuam sententiam.* Tout ce que j'y voudrois, c'est de faire les saignées et les purgations en nombre impair : *Numero Deus impare gaudet;* de prendre le lait clair avant le bain; de luy composer un fronteau où il entre du sel, le sel est simbole de la sagesse ; de faire blanchir les murailles de sa chambre, pour dissiper les ténèbres de ses esprits, *album est disgregativum visûs,* et de luy donner tout à l'heure un petit Lavement, pour servir de prélude et d'introduction à ces judicieux remèdes, dont, s'il a à guérir, il doit recevoir du soulagement. Fasse le Ciel que ces remèdes, Monsieur, qui sont les vostres, réüssissent au Malade selon nostre intention.

M. POURCEAUGNAC

Messieurs, il y a une heure que je vous écoute. Est-ce que nous joüons icy une Comédie ?

I. MEDECIN

Non, Monsieur, nous ne joüons point.

M. POURCEAUGNAC

Qu'est-ce que tout cecy? Et que voulez-vous dire avec vostre galimathias et vos sottises?

I. MEDECIN

Bon, dire des injures. Voilà un diagnostique, qui nous manquoit pour la confirmation de son mal, et cecy pourroit bien tourner en manie.

M. POURCEAUGNAC

Avec qui m'a-t-on mis icy?

Il crache deux ou trois fois.

I. MEDECIN

Autre diagnostique : La sputation fréquente.

M. POURCEAUGNAC

Laissons cela, et sortons d'icy.

I. MEDECIN

Autre encore : L'inquiétude de changer de place.

M. POURCEAUGNAC

Qu'est-ce donc que toute cette affaire? Et que me voulez-vous?

I. MEDECIN

Vous guérir, selon l'ordre qui nous a esté donné.

M. POURCEAUGNAC

Me guérir?

I. MEDECIN

Oüy.

M. POURCEAUGNAC

Parbleu, je ne suis pas malade.

I. MEDECIN

Mauvais signe, lors qu'un Malade ne sent pas son mal.

M. POURCEAUGNAC

Je vous dis que je me porte bien.

I. MEDECIN

Nous sçavons mieux que vous comment vous vous portez, et nous sommes Médecins, qui voyons clair dans vostre constitution.

M. POURCEAUGNAC

Si vous estes Médecins, je n'ay que faire de vous, et je me moque de la Médecine.

I. MEDECIN

Hon, hon ; voicy un homme plus fou que nous ne pensons.

M. POURCEAUGNAC

Mon Père et ma Mère n'ont jamais voulu de remèdes, et ils sont morts tous deux sans l'assistance des Médecins.

I. MEDECIN

Je ne m'étonne pas s'ils ont engendré un fils qui est insensé. Allons, procédons à la curation, et, par la douceur exhilarante de l'harmonie, adoucissons, lénifions et accoisons l'aigreur de ses esprits, que je voy prests à s'enflâmer.

SCÈNE IX

M. POURCEAUGNAC

Que Diable est-ce là ? Les Gens de ce Païs-cy sont-ils insensez ? Je n'ay jamais rien veu de tel, et je n'y comprens rien du tout.

SCÈNE X

Deux MUSICIENS *Italiens, en Médecins crotesques,*
suivis de huit MATASSINS,
chantent ces paroles, soûtenues de la Symphonie d'un mélange d'Instrumens.

LES DEUX MUSICIENS

Bon di, bon di, bon di ;
Non vi lasciate uccidere
Dal dolor malinconico ;
Noi vi faremo ridere
Col nostro canto harmonico ;

XXIV.   7

Sol' per guarirvi
Siamo venuti qui;
Bon di, bon di, bon di.

I. MUSICIEN

Altro non è la pazzia
Che malinconia;
Il malato
Non è disperato,
Se vol pigliar un poco d'allegria;
Altro non è la pazzia
Che malinconia.

II. MUSICIEN

Sù, cantate, ballate, ridete,
Et, se far meglio volete,
Quando sentite il deliro vicino,
Pigliate del vino,
E, qualche volta, un po po di tabac,
Alegramente, Monsu Pourceaugnac.

SCÈNE XI

L'APOTIQUAIRE, M. POURCEAUGNAC.

L'APOTIQUAIRE

Monsieur, voicy un petit remède, un petit remède,

qu'il vous faut prendre, s'il vous plaist, s'il vous plaist.

M. POURCEAUGNAC

Comment ? Je n'ay que faire de cela.

L'APOTIQUAIRE

Il a esté ordonné, Monsieur, il a esté ordonné.

M. POURCEAUGNAC

Ah, que de bruit !

L'APOTIQUAIRE

Prenez-le, Monsieur, prenez-le ; il ne vous fera
point de mal, il ne vous fera point de mal.

M. POURCEAUGNAC

Ah !

L'APOTIQUAIRE

C'est un petit Clystère, un petit Clystère, bénin,
bénin ; il est bénin, bénin ; là, prenez, prenez, Monsieur ; c'est pour desterger, pour desterger, desterger...

Les deux Musiciens, accompagnez des Matassins et des Instrumens, dancent à l'entour de
Monsieur de Pourceaugnac, et, s'arrestant devant luy, chantent :

Piglia-lo sù
Signor Monsu ;
Piglia-lo, piglia-lo, piglia-lo sù,
Che non ti fara male ;
Piglia-lo sù questo servitiale ;

Piglia-lo sù,
Signor Monsu ;
Piglia-lo, piglia-lo, piglia-lo sù.

M. POURCEAUGNAC *fuyant.*

Allez vous-en au Diable.

L'Apotiquaire, les deux Musiciens, et les Matassins le suivent,
tous une Seringue à la main.

Piglia-lo sù.
Signor Monsu.

ACTE II

SCÈNE PREMIÈRE

SBRIGANI, I. MEDECIN

I. MEDECIN

L a forcé tous les obstacles que j'avois mis, et s'est dérobé aux remèdes que je commençois de luy faire.

SBRIGANI

C'est estre bien ennemy de soy-mesme, que de fuir des remèdes aussi salutaires que les vostres.

I. MEDECIN

Marque d'un cerveau démonté, et d'une raison
dépravée, que de ne vouloir pas guérir.

SBRIGANI

Vous l'auriez guéry haut la main.

I. MEDECIN

Sans doute, quand il y auroit eu complication de
douze Maladies.

SBRIGANI

Cependant voilà cinquante Pistoles bien acquises
qu'il vous fait perdre.

I. MEDECIN

Moy, je n'entens point les perdre, et prétens le
guérir en dépit qu'il en ait. Il est lié et engagé à mes
remèdes, et je veux le faire saisir où je le trouveray,
comme Déserteur de la Médecine, et Infracteur de
mes Ordonnances.

SBRIGANI

Vous avez raison; vos remèdes estoient un coup
seur, et c'est de l'argent qu'il vous vole.

I. MEDECIN

Où puis-je en avoir des nouvelles ?

SBRIGANI

Chez le bon-homme Oronte, assurément, dont il vient épouser la Fille, et qui, ne sçachant rien de l'infirmité de son Gendre futur, voudra peut-estre se haster de conclure le Mariage.

I. MEDECIN

Je vais luy parler tout-à-l'heure.

SBRIGANI

Vous ne ferez point mal.

I. MEDECIN

Il est hypothéqué à mes Consultations, et un Malade ne se moquera pas d'un Médecin.

SBRIGANI

C'est fort bien dit à vous ; et, si vous m'en croyez, vous ne souffrirez point qu'il se marie, que vous ne l'ayez pansé tout vostre soû.

I. MEDECIN

Laissez-moy faire.

SBRIGANI

Je vais de mon costé dresser une autre batterie, et le Beau-Père est aussi dupe que le Gendre.

SCÈNE II

ORONTE, I. MEDECIN

I. MEDECIN

Vous avez, Monsieur, un certain Monsieur de Pourceaugnac, qui doit épouser vostre Fille ?

ORONTE

Oüy; je l'attens de Limoges, et il devroit estre arrivé.

I. MEDECIN

Aussi l'est-il, et il s'en est fuy de chez moy, après y avoir esté mis; mais je vous défens, de la part de la Médecine, de procéder au mariage que vous avez conclu, que je ne l'aye deuëment préparé pour cela, et mis en état de procréer des Enfans bien condition-nez et de corps et d'esprit.

ORONTE

Comment donc ?

I. MEDECIN

Vostre prétendu Gendre a esté constitué mon Malade. Sa Maladie, qu'on m'a donnée à guérir, est un Meuble qui m'appartient, et que je compte entre mes Effets; et je vous déclare que je ne prétens point qu'il se marie qu'au préalable il n'ait satisfait à la Médecine, et suby les remèdes que je luy ay ordonnez.

ORONTE

Il a quelque mal ?

I. MEDECIN

Oüy.

ORONTE

Et quel mal, s'il vous plaist ?

I. MEDECIN

Ne vous en mettez pas en peine.

ORONTE

Est-ce quelque mal...

I. MEDECIN

Les Médecins sont obligez au secret. Il suffit que je vous ordonne, à vous et à vostre Fille, de ne point célébrer, sans mon consentement, vos Nopces avec luy, sur peine d'encourir la disgrâce de la Faculté, et d'estre accablez de toutes les maladies qu'il nous plaira.

ORONTE

Je n'ay garde, si cela est, de faire le Mariage.

I. MEDECIN

On me l'a mis entre les mains, et il est obligé d'estre mon Malade.

XXIV.						8

ORONTE

A la bonne heure.

I. MEDECIN

Il a beau fuir ; je le feray condamner par Arrest à
se faire guérir par moy.

ORONTE

J'y consens.

I. MEDECIN

Oüy, il faut qu'il crève, ou que je le guérisse.

ORONTE

Je le veux bien.

I. MEDECIN

Et, si je ne le trouve, je m'en prendray à vous, et
je vous guériray au lieu de luy.

ORONTE

Je me porte bien.

I. MEDECIN

Il n'importe ; il me faut un Malade, et je prendray
qui je pourray.

ORONTE

Prenez qui vous voudrez, mais ce ne sera pas moy.
Voyez un peu la belle raison !

SCÈNE III

SBRIGANI *en Marchand Flaman ;* ORONTE

SBRIGANI

Montsir, avec le vostre permissione, je suisse un Trancher Marchant Flamane, qui voudroit bienne vous temandair un petit nouvel.

ORONTE

Quoy, Monsieur ?

SBRIGANI

Mettez le vostre chapeau sur le teste, Montsir, si ve plaist.

ORONTE

Dites-moy, Monsieur, ce que vous voulez.

SBRIGANI

Moy le dire rien, Montsir, si vous le mettre pas le chapeau sur le teste.

ORONTE

Soit. Qu'y a-t-il, Monsieur ?

SBRIGANI

Fous connoistre point en sti File un certe Montsir Oronte ?

ORONTE

Oüy, je le connoy.

SBRIGANI

Et quel Homme est-ile, Montsir, si ve plaist?

ORONTE

C'est un homme comme les autres.

SBRIGANI

Je vous temande, Montsir, s'il est un Homme riche, qui a du bienne ?

ORONTE

Oüy.

SBRIGANI

Mais riche beaucoup grandement, Montsir ?

ORONTE

Oüy.

SBRIGANI

J'en suy aise beaucoup, Montsir.

ORONTE

Mais pourquoy cela ?

SBRIGANI

L'est, Montsir, pour un petit raisonne de consé-quence pour nous.

ORONTE

Mais encore, pour quoy ?

SBRIGANI

L'est, Montsir, que sti Montsir Oronte donne son Fille en mariage à un certe Montsir de Pource-gnac.

ORONTE

Hé bien ?

SBRIGANI

Et sti Montsir de Pourcegnac, Montsir, l'est un Homme que doivre beaucoup grandement à dix ou douze Marchanne Flamane, qui estre venu icy.

ORONTE

Ce Monsieur de Pourceaugnac doit beaucoup a dix ou douze Marchands ?

SBRIGANI

Oui, Montsir; et depuis huite mois nous avoir obtenir un petit Santence contre luy, et luy a remettre à payer tou ce Créanciers de sti mariage que sti Montsir Oronte donne pour son Fille.

ORONTE

Hon, hon; il a remis là à payer ses Créanciers ?

SBRIGANI

Oüy, Montsir, et avec un grand dévotion nous tous attendre sti Mariage.

ORONTE

L'avis n'est pas mauvais. Je vous donne le bon jour.

SBRIGANI

Je remercie, Montsir, de la faveur grande.

ORONTE

Vostre très-humble valet.

SBRIGANI

Je le suis, Montsir, obliger plus que beaucoup du bon nouvel que Montsir m'avoir donné.

— Cela ne va pas mal. Quittons nostre ajustement de Flamand pour songer à d'autres Machines; et tâchons de semer tant de soupçons et de division entre le Beau-Père et le Gendre, que cela rompe le Mariage prétendu. Tous deux également sont propres à gober les hameçons qu'on leur veut tendre; et, entre nous autres Fourbes de la première Classe, nous ne faisons que nous joüer, lors que nous trouvons un Gibier aussi facile que celuy-là.

SCÈNE IV

M. POURCEAUGNAC, SBRIGANI·

M. POURCEAUGNAC

Piglia-lo, piglia-lo sù, Signor Monsu. Que diable est-ce
là ? Ah !

SBRIGANI

Qu'est-ce, Monsieur, qu'avez-vous ?

M. POURCEAUGNAC

Tout ce que je voy me semble Lavement.

SBRIGANI

Comment ?

M. POURCEAUGNAC

Vous ne sçavez pas ce qui m'est arrivé dans ce
Logis, à la porte duquel vous m'avez conduit ?

SBRIGANI

Non vrayment ; qu'est-ce que c'est ?

M. POURCEAUGNAC

Je pensois y estre régalé comme il faut.

SBRIGANI

Hé bien ?

M. POURCEAUGNAC

Je vous laisse entre les mains de Monsieur. Des

Médecins habillez de noir. Dans une Chaise. Tâter le poulx. Comme ainsi soit... Il est fou. Deux gros jouflus. Grands chapeaux. *Bon di, bon di.* Six Pantalons. *Ta, ra, ta, ta; Ta, ra, ta, ta. Alegramente, Monsu Pourceaugnac.* Apotiquaire. Lavement. Prenez, Monsieur, prenez, prenez. Il est bénin, bénin, bénin. C'est pour déterger, pour déterger, déterger. *Piglia-lo sù, Signor Monsu; piglia-lo, piglia-lo, piglia-lo sù.* Jamais je n'ay esté si saoul de sottises.

SBRIGANI

Qu'est-ce que tout cela veut dire ?

M. POURCEAUGNAC

Cela veut dire que cet Homme-là, avec ses grandes embrassades, est un Fourbe, qui m'a mis dans une Maison pour se moquer de moy, et me faire une pièce.

SBRIGANI

Cela est-il possible ?

M. POURCEAUGNAC

Sans doute; ils étoient une douzaine de Possédez après mes chausses, et j'ay eu toutes les peines du Monde à m'échaper de leurs pates.

SBRIGANI

Voyez un peu; les mines sont bien trompeuses !

Je l'aurois crû le plus affectionné de vos Amis. Voilà
un de mes étonnemens, comme il est possible qu'il y
ait des Fourbes comme cela dans le Monde!

M. POURCEAUGNAC

Ne sens-je point le Lavement ? Voyez, je vous prie.

SBRIGANI

Eh! il y a quelque petite chose qui approche de
cela.

M. POURCEAUGNAC

J'ay l'odorat et l'imagination tout remplis de cela,
et il me semble toûjours que je voy une douzaine de
Lavemens qui me couchent en joüe.

SBRIGANI

Voilà une meschanceté bien grande! Et les Hommes
sont bien traîtres et scélérats!

M. POURCEAUGNAC

Enseignez-moy, de grâce, le Logis de Monsieur
Oronte; je suis bien aise d'y aller tout à l'heure.

SBRIGANI

Ah, ah, vous estes donc d'une complexion amou-
reuse, et vous avez oüy parler que ce Monsieur
Oronte a une Fille.....

XXIV.	9

M. POURCEAUGNAC

Oüy, je viens l'épouser.

SBRIGANI

L'é..... l'épouser ?

M. POURCEAUGNAC

Oüy.

SBRIGANI

En mariage ?

M. POURCEAUGNAC

De quelle façon donc ?

SBRIGANI

Ah, c'est une autre chose, et je vous demande pardon.

M. POURCEAUGNAC

Qu'est-ce que cela veut dire ?

SBRIGANI

Rien.

M. POURCEAUGNAC

Mais encor ?

SBRIGANI

Rien, vous dis-je ; j'ay un peu parlé trop viste.

M. POURCEAUGNAC

Je vous prie de me dire ce qu'il y a là-dessous.

SBRIGANI

Non, cela n'est pas nécessaire.

M. POURCEAUGNAC

De grâce.

SBRIGANI

Point; je vous prie de m'en dispenser.

M. POURCEAUGNAC

Est-ce que vous n'estes pas de mes Amis ?

SBRIGANI

Si fait; on ne peut pas l'estre davantage.

M. POURCEAUGNAC

Vous devez donc ne me rien cacher.

SBRIGANI

C'est une chose où il y va de l'intérest du prochain.

M. POURCEAUGNAC

Afin de vous obliger à m'ouvrir vostre cœur, voilà
une petite Bague, que je vous prie de garder pour
l'amour de moy.

SBRIGANI

Laissez-moy consulter un peu si je le puis faire en
conscience. — C'est un Homme qui cherche son bien,
qui tâche de pourvoir sa Fille le plus avantageusement

qu'il est possible, et il ne faut nuire à personne. Ce
sont des choses qui sont connuës, à la vérité ; mais
j'iray les découvrir à un Homme qui les ignore, et il
est défendu de scandaliser son prochain. Cela est vray ;
mais, d'autre part, voilà un Etranger qu'on veut sur-
prendre, et qui de bonne foy se vient marier avec une
Fille qu'il ne connoist pas, et qu'il n'a jamais veuë ;
un Gentilhomme plein de franchise, pour qui je me
sens de l'inclination, qui me fait l'honneur de me
tenir pour son Amy, prend confiance en moy, et me
donne une Bague à garder pour l'amour de luy. Ouy,
je trouve que je puis vous dire les choses sans bles-
ser ma conscience ; mais tâchons de vous les dire le
plus doucement qu'il nous sera possible, et d'épargner les Gens le plus que nous pourons. De vous
dire que cette Fille-là mène une vie des-honneste, cela
seroit un peu trop fort ; cherchons, pour nous expli-
quer, quelques termes plus doux. Le mot de Galante
aussi n'est pas assez ; celuy de Coquette achevée me
semble propre à ce que nous voulons, et je m'en puis
servir, pour vous dire honnestement ce qu'elle est.

M. POURCEAUGNAC

L'on me veut donc prendre pour dupe ?

SBRIGANI

Peut-estre dans le fond n'y a-t-il pas tant de mal

que tout le monde croit; et puis il y a des Gens,
après tout, qui se mettent au-dessus de ces sortes de
choses, et qui ne croyent pas que leur honneur
dépende.....

.

M. POURCEAUGNAC

Je suis vostre serviteur; je ne me veux point mettre
sur la teste un chapeau comme celuy-là, et l'on aime
à aller le front levé dans la Famille des Pourceaugnacs.

SBRIGANI

Voilà le Père.

M. POURCEAUGNAC

Ce Vieillard-là ?

SBRIGANI

Oüy; je me retire.

SCÈNE V

ORONTE, M. POURCEAUGNAC

M. POURCEAUGNAC

Bon-jour, Monsieur, bon-jour.

ORONTE

Serviteur, Monsieur, serviteur.

M. POURCEAUGNAC

Vous estes Monsieur Oronte, n'est-ce pas ?

ORONTE

Oüy.

M. POURCEAUGNAC

Et moy, Monsieur de Pourceaugnac.

ORONTE

A la bonne heure.

M. POURCEAUGNAC

Croyez-vous, Monsieur Oronte, que les Limosins soient des sots ?

ORONTE

Croyez-vous, Monsieur de Pourceaugnac, que les Parisiens soient des bestes ?

M. POURCEAUGNAC

Vous imaginez-vous, Monsieur Oronte, qu'un Homme comme moy soit si affamé de Femme ?

ORONTE

Vous imaginez-vous, Monsieur de Pourceaugnac, qu'une Fille comme la mienne soit si affamée de Mary ?

SCÈNE VI

JULIE, ORONTE, M. POURCEAUGNAC

JULIE

On vient de me dire, mon Père, que Monsieur de Pourceaugnac est arrivé. — Ah, le voilà, sans doute, et mon cœur me le dit. Qu'il est bien fait ! Qu'il a bon air ! Et que je suis contente d'avoir un tel Epous ? Souffrez que je l'embrasse, et que je luy témoigne.....

ORONTE

Doucement, ma Fille, doucement.

M. POURCEAUGNAC

Tu-dieu, quelle Galante ! Comme elle prend feu d'abord !

ORONTE

Je voudrois bien sçavoir, Monsieur de Pourceau-gnac, par quelle raison vous venez.....

JULIE

Que je suis aise de vous voir, et que je brûle d'impatience.....

Julie s'aproche de M. de P., le regarde d'un œil languissant, et luy veut prendre la main.

ORONTE

Ah! ma fille, ostez-vous de là, vous dis-je.

M. POURCEAUGNAC

Ho, ho, quelle égrillarde!

ORONTE

Je voudrois bien, dis-je, sçavoir par quelle raison, s'il vous plaist, vous avez la hardiesse de...

M. POURCEAUGNAC

Vertu de ma vie!

ORONTE à *Julie.*

Encore, qu'est-ce à dire cela?

JULIE

Ne voulez-vous pas que je caresse l'Epous que vous m'avez choisy?

ORONTE

Non, rentrez là-dedans.

JULIE

Laissez-moy le regarder.

ORONTE

Rentrez, vous dis-je.

JULIE

Je veux demeurer-là, s'il vous plaist.

ORONTE

Je ne veux pas moy; et, si tu ne rentres tout à l'heure, je...

JULIE

Eh bien, je rentre.

ORONTE

Ma Fille est une sotte, qui ne sçait pas les choses.

M. POURCEAUGNAC

Comme nous luy plaisons !

ORONTE

Tu ne veux pas te retirer ?

JULIE

Quand est-ce donc que vous me marierez avec Monsieur ?

ORONTE

Jamais; et tu n'es pas pour luy.

JULIE

Je le veux avoir, moy, puis que vous me l'avez promis.

ORONTE

Si je te l'ay promis, je te le dépromets.

XXIV.   10

M. POURCEAUGNAC

Elle voudroit bien me tenir.

JULIE

Vous avez beau faire ; nous serons mariez ensemble en dépit de tout le Monde.

ORONTE

Je vous en empescheray bien tous deux, je vous assure. Voyez un peu quel *vertigo* luy prend.

M. POURCEAUGNAC

Mon Dieu, nostre Beau-Père prétendu, ne vous fatiguez point tant ; on n'a pas envie de vous enlever vostre Fille, et vos grimaces n'attraperont rien.

ORONTE

Toutes les vostres n'auront pas grand effet.

M. POURCEAUGNAC

Vous estes-vous mis dans la teste que Léonard de Pourceaugnac soit un Homme à acheter Chat en poche ? et qu'il n'ait pas là-dedans quelque morceau de judiciaire pour se conduire, pour se faire informer de l'histoire du Monde, et voir, en se mariant, si son honneur a bien toutes ses seuretez ?

ORONTE

Je ne sçay pas ce que cela veut dire ; mais vous

estes-vous mis dans la teste qu'un Homme de soixante-
trois ans ait si peu de cervelle, et considère si peu sa
Fille que de la marier avec un Homme qui a ce que
vous sçavez, et qui a esté mis chez un Médecin pour
estre pansé ?

M. POURCEAUGNAC

C'est une pièce que l'on m'a faite, et je n'ay aucun
mal.

ORONTE

Le Médecin me l'a dit luy-mesme.

M. POURCEAUGNAC

Le Médecin en a menty ; je suis Gentilhomme, et
je le veux voir l'épée à la main.

ORONTE

Je sçay ce que j'en dois croire, et vous ne m'abu-
serez pas là-dessus, non plus que sur les debtes que
vous avez assignées sur le Mariage de ma Fille.

M. POURCEAUGNAC

Quelles debtes ?

ORONTE

La feinte icy est inutile, et j'ay veu le Marchand
Flaman, qui, avec les autres Créanciers, a obtenu
depuis huit mois Sentence contre vous.

M. POURCEAUGNAC

Quel Marchand Flaman ? Quels Créanciers ? Quelle
Sentence obtenue contre moy ?

ORONTE

Vous sçavez bien ce que je veux dire.

SCÈNE VII

LUCETTE, ORONTE, M. POURCEAUGNAC

LUCETTE

Ah ! tu es assy, et, à la fy, yeu te trobi après abe
fait tant de passes. Podes-tu, scélérat, podes-tu sousteni ma bisto ?

M. POURCEAUGNAC

Qu'est-ce que veut cette Femme-là ?

LUCETTE

Que te boli, infame ! Tu fas semblan de nou me
pas connoüysse, et nou rougisses pas, impudent que
tu sios, tu ne rougisses pas de me beyre ? Nou saby
pas, Moussur, saquos bous dont m'an dit que boüillo
espousa la Fillo ; may yeu bous declari que yeu soun
sa Fenno, et que y a set ans, Moussur, qu'en passant
à Pezenas el auguet l'adresse dambe sas mignardisos,

commo sap tapla fayre, de me gaigna lou cor, et
m'obligé pra quel moüyen à ly donna la man per
l'espousa.

ORONTE

Oh, oh !

M. POURCEAUGNAC

Que Diable est-ce-cy ?

LUCETTE

Lou trayté me quitel très ans après, sul préteste de
qualques affayrés que l'apelabon dins soun Païs, et
despey noun ly resçau put quaso de noubélo; may,
dins lou tems qu'i soungeabi lou mens, m'an dounat
abist que begnio dins aquesto Bilo, per se remarida
dambe un autro joüena Fillo, que sous Parens ly an
procurado, sensse saupré rès de sou prumié mariatge.
Yeu ai tout quitat en diligensso, et me soüy rendudo
dens acqueste Loc lou pu leu qu'ay pouscut, per
m'oupousa en aquel criminel mariatge, et confondre
as ely de tout le Mounde lou plus méchant des
Hommes.

M. POURCEAUGNAC

Voilà une étrange effrontée ?

LUCETTE

Impudent, n'as pas honte de m'injuria, alloc d'estre
confus day reproches secrets que ta conssiensso te deu
fayre ?

M. POURCEAUGNAC

Moy, je suis vostre Mary!

LUCETTE

Infâme, gausos-tu dire lou contrari? Hé, tu sabès bé, per ma penno, que n'es que trop bertat, et pla-guesso al Cel qu'aco nou fouguesso pas, et que m'au-guesso layssado dins l'estat d'innoussenço, et dins la tranquilitat oun moun amo bibio, daban que tous charmes et tas trompariés nou m'en benguesson mal-hurousemen fayre sourty; yeu nou serio pas reduito à fayré lou tristé persounatgé qu'y faue presentomen; à beyre un Marit cruel mespresa touto l'ardou que yeu ay per el, et me laissa, sensse cap de pietat, aban-dounado à las mourtèles doulous que yeu ressenty de sas perfidos acciûs.

ORONTE

Je ne sçaurois m'empescher de pleurer. Allez, vous estes un méchant Homme.

M. POURCEAUGNAC

Je ne connoy rien à tout cecy.

SCÈNE VIII

NERINE *en Picarde*, LUCETTE, ORONTE
M. POURCEAUGNAC

NERINE *en Picarde.*

Ah! je n'en pis plus, je sis toute essoflée. Ah, fin-
faron, tu m'as bien fait courir, tu ne m'écaperas mie.
Justice, justice! je boute empeschement au mariage.
Ch'ès mon Méry, Monsieu, et je veux faire pindre
che bon pindar-là.

M. POURCEAUGNAC

Encor!

ORONTE

Quel Diable d'Homme est-ce cy ?

LUCETTE

Et que boulé-bous dire, ambe bostre empachomen,
et bostro pendarié? Quaquel Homo est bostre Marit ?

NERINE

Oüy, Médéme, et je sis sa Femme.

LUCETTE

Aquo es faus; aquos yeu que soun sa Fenno; et, se
deû estre pendut, aquo sera yeu que lou faray penda.

NERINE

Je n'entains mie che baragoin-là.

LUCETTE

Yeu bous disy que yeu soun sa Fenno.

NERINE

Sa Femme ?

LUCETTE

Oÿ.

NERINE

Je vous dis que ch'est my, encor in coup, qui le
sis.

LUCETTE

Et yeu bous sousteni yeu qu'aquos yeu.

NERINE

Il y a quètre ans qu'il m'a éposée.

LUCETTE

Et yeu, set ans y a que m'a preso per Fenno.

NERINE

J'ay des gairents de tout ce que je dy.

LUCETTE

Tout mon Païs lo sap.

NERINE

No Ville en est témoin.

LUCETTE

Tout Pézenas a bist nostre mariatge.

NERINE

Tout Chin-Quentin a assisté à no noche.

LUCETTE

Nou y a rès de tan béritable.

NERINE

Il gn'y a rien de plus chertain.

LUCETTE

Gausos-tu dire lou contrari, valisquos ?

NERINE

Est-che que tu me démintiras, méchaint Homme ?

M. POURCEAUGNAC

Il est aussi vray l'un que l'autre.

LUCETTE

Quaingn'inpudensso! Et coussy, misérable, nou te soubenès plus de la pavro Françon, et del pavre Jeanet, que soun lous fruits de nostre mariatge ?

NERINE

Bayez un peu l'insolence. Quoi! tu ne te souviens mie de chette pauvre ainfain, no petite Madelaine, que tu m'as laichée pour gaige de ta foy.

XXIV.   11

M. POURCEAUGNAC

Voilà deux impudentes carognes !

LUCETTE

Beny, Françon; beny, Jeanet; beny, toustou, beny, toustonne, beny fayre beyre à un Payre dénaturat la duretat qu'el a per nautres.

NERINE

Venez, Madelaine, me n'ainfain, venez-vés-en ichy faire honte à vo Père de l'impudainche qu'il a.

JEANET, FRANÇON, MADELAINE

Ah! mon Papa, mon Papa, mon Papa!

M. POURCEAUGNAC

Diantre soit des petits Fils de Putains.

LUCETTE

Coussy, trayte, tu nou sios pas dins la darnière confusiu, de ressaupre atal tous Enfans, et de ferma l'oreille à la tendresso paternello ? Tu nou m'escaperas pas, infâme; yeu te boli seguy per tout, et te reproucha ton crime jusquos à tant que me sio beniado, et que t'ajo fayt penia ; couqui, te boly fayré penia.

NERINE

Ne rougis-tu mie de dire ches mots là, et d'estre insainsible aux cairesses de chette pauvre ainfain ? Tu ne te sauveras mie de mes pates, et, en dépit de tes dains, je feray bien voir que je sis ta Femme, et je te feray peindre.

LES ENFANS *tous ensemble* :

Mon Papa, mon Papa, mon Papa!

M. POURCEAUGNAC

Au secours, au secours! Où fuiray-je ? Je n'en puis plus.

ORONTE

Allez; vous ferez bien de le faire punir, et il mérite d'estre pendu.

SCÈNE IX

SBRIGANI

Je conduis de l'œil toutes choses, et tout cecy ne va pas mal. Nous fatiguerons tant nostre Provincial qu'il faudra, ma foy, qu'il déguerpisse.

SCÈNE X

M. POURCEAUGNAC, SBRIGANI

M. POURCEAUGNAC

Ah je suis assommé! Quelle peine! quelle maudite Ville! Assassiné de tous costez!

SBRIGANI

Qu'est-ce, Monsieur ? Est-il encore arrivé quelque chose ?

M. POURCEAUGNAC

Oüy. Il pleut en ce Païs des Femmes, et des Lavemens.

SBRIGANI

Comment donc ?

M. POURCEAUGNAC

Deux Carognes de baragoüinneuses me sont venu accuser de les avoir épousé toutes deux, et me menacent de la Justice.

SBRIGANI

Voilà une méchante affaire, et la Justice, en ce Païs-cy, est rigoureuse en diable contre cette sorte de crime.

M. POURCEAUGNAC

Oüy; mais quand il y auroit Information, Ajournement, Décret et Jugement obtenu par surprise, Défaut et Contumace, j'ay la voye de conflit de Jurisdiction pour temporiser, et venir aux Moyens de nullité qui seront dans les Procédures.

SBRIGANI

Voilà en parler dans tous les termes, et l'on voit bien, Monsieur, que vous estes du mestier.

M. POURCEAUGNAC

Moy ? Point du tout ; je suis Gentilhomme.

SBRIGANI

Il faut bien, pour parler ainsi, que vous ayez étudié
la Pratique.

M. POURCEAUGNAC

Point. Ce n'est que le sens commun qui me fait
juger que je seray toûjours reçeu à mes Faits justifica-
tifs, et qu'on ne me sçauroit condamner sur une simple
accusation, sans un récolement et confrontation avec
mes Parties.

SBRIGANI

En voilà du plus fin encore.

M. POURCEAUGNAC

Ces mots-là me viennent sans que je les sçache.

SBRIGANI

Il me semble que le sens commun d'un Gentilhomme peut bien aller à concevoir ce qui est du droict
et de l'ordre de la Justice, mais non pas à sçavoir les
vrays termes de la Chicane.

M. POURCEAUGNAC

Ce sont quelques mots que j'ay retenus en lisant
les Romans.

SBRIGANI

Ah, fort bien.

M. POURCEAUGNAC

Pour vous montrer que je n'entens rien du tout à la Chicane, je vous prie de me mener chez quelque Advocat pour consulter mon Affaire.

SBRIGANI

Je le veux, et je vais vous conduire chez deux Hommes fort habiles, mais j'ay auparavant à vous avertir de n'estre point surpris de leur manière de parler. Ils ont contracté du Barreau certaine habitude de Déclamation, qui fait que l'on diroit qu'ils chantent, et vous prendrez pour Musique tout ce qu'ils vous diront.

M. POURCEAUGNAC

Qu'importe comme ils parlent, pourveu qu'ils me disent ce que je veux sçavoir.

SCÈNE XI

SBRIGANI, M. POURCEAUGNAC,
DEUX ADVOCATS *Musiciens, dont l'un parle fort lentement, et l'autre fort viste, accompagnez de deux* PROCUREURS, *et de deux* SERGENS

L'AVOCAT traisnant ses paroles :

La Poligamie est un cas,
Est un cas pendable.

L'AVOCAT bredoüilleur.

Vostre fait
Est clair et net,
Et tout le Droit
Sur cet endroit
Conclud tout droit.

Si vous consultez nos Autheurs,
Législateurs et Glossateurs,
Justinian, Papinian,
   Ulpian, Tribonian,
Fernand, Rebuffe, Jean Imole,
Paul, Castre, Julian, Barthole,
Jason, Alciat et Cujas,
Ce grand Homme si capable :
   La Poligamie est un cas,
     Est un cas pendable.

   Tous les Peuples policez,
     Et bien sensez,
Les François, Anglois, Hollandois,
Danois, Suédois, Polonois,
Portugois, Espagnols, Flamans,
   Italiens, Allemans,

Sur ce fait tiennent Loy semblable,
Et l'affaire est sans embarras :
La Poligamie est un cas,
Est un cas pendable.

Monsieur de Pourceaugnac les bat. Deux Procureurs et deux Sergens dancent une Entrée, qui finit l'Acte.

La polygamie est un cas,
Est un cas pendable.

ACTE III

SCÈNE PREMIÈRE

ERASTE, SBRIGANI

SBRIGANI

UY, les choses s'acheminent où nous voulons, et, comme ses lumières sont fort petites, et son sens le plus borné du Monde, je luy ay fait prendre une frayeur si grande de la sévérité de la Justice de ce Païs, et des aprests qu'on faisoit déjà pour sa mort, qu'il veut

XXIV.   12

prendre la fuite, et, pour se dérober avec plus de facilité aux Gens que je lui ay dit qu'on avoit mis pour l'arrester aux Portes de la Ville, il s'est résolu à se déguiser, et le déguisement qu'il a pris est l'habit d'une Femme.

ERASTE

Je voudrois bien le voir en cet équipage.

SBRIGANI

Songez, de vostre part, à achever la Comédie, et, tandis que je joüeray mes Scènes avec luy, allez-vous-en. Vous entendez bien ?

ERASTE

Oüy.

SBRIGANI

Et, lors que je l'auray mis où je veux...

ERASTE

Fort bien.

SBRIGANI

Et, quand le Père aura esté averty par moy.....

ERASTE

Cela va le mieux du Monde.

SBRIGANI

Voicy nostre Demoiselle ; allez viste, qu'il ne nous voye ensemble.

SCÈNE II

M. POURCEAUGNAC *en Femme;* SBRIGANI

SBRIGANI

Pour moy, je ne croy pas qu'en cet état on puisse jamais vous connoistre, et vous avez la mine, comme cela, d'une Femme de Condition.

M. POURCEAUGNAC

Voilà qui m'étonne, qu'en ce Païs-cy les formes de la Justice ne soient point observées.

SBRIGANI

Oüy, je vous l'ay déjà dit, ils commencent icy par faire pendre un Homme, et puis ils luy font son Procès.

M. POURCEAUGNAC

Voilà une Justice bien injuste.

SBRIGANI

Elle est sévère comme tous les Diables, particulièrement sur ces sortes de crimes.

M. POURCEAUGNAC

Mais quand on est innocent ?

SBRIGANI

N'importe; ils ne s'enquestent point de cela; et
puis ils ont en cette Ville une haine effroyable pour
les gens de vostre Païs, et ils ne sont point plus ravis
que de voir pendre un Limosin.

M. POURCEAUGNAC

Qu'est-ce que les Limosins leur ont fait ?

SBRIGANI

Ce sont des brutaux, ennemis de la gentillesse et
du mérite des autres Villes. Pour moy, je vous avoüe
que je suis pour vous dans une peur épouvantable,
et je ne me consolerois de ma vie si vous veniez à
estre pendu.

M. POURCEAUGNAC

Ce n'est pas tant la peur de la mort qui me fait
fuir, que de ce qu'il est fâcheux à un Gentilhomme
d'estre pendu, et qu'une preuve comme celle-là feroit
tort à nos Titres de Noblesse.

SBRIGANI

Vous avez raison; on vous contesteroit après cela
le Titre d'Escuyer. Au reste, étudiez-vous, quand je
vous mèneray par la main, à bien marcher comme
une Femme, et à prendre le langage et toutes les
manières d'une Personne de Qualité.

M. POURCEAUGNAC

Laissez-moy faire ; j'ay veu les Personnes du bel air ; tout ce qu'il y a, c'est que j'ay un peu de barbe.

SBRIGANI

Vostre barbe n'est rien, et il y a des Femmes qui en ont autant que vous. Çà, voyons un peu comme vous ferez. — Bon.

M. POURCEAUGNAC

« Allons donc, mon Carosse ; où est-ce qu'est mon Carosse ? Mon Dieu, qu'on est misérable d'avoir des Gens comme cela ! Est-ce qu'on me fera attendre toute la journée sur le pavé, et qu'on ne me fera point venir mon Carosse ? »

SBRIGANI

Fort bien.

M. POURCEAUGNAC

« Hola ho, Cocher ! petit Laquais ! Ah ! petit fripon, que de coups de foüet je vous feray donner tantost ! Petit Laquais, petit Laquais ? Où est-ce donc qu'est ce petit Laquais ? Ce petit Laquais ne se trouvera-t-il point ? Ne me fera-t-on point venir ce petit Laquais ? Est-ce que je n'ay point un petit Laquais dans le Monde ? »

SBRIGANI

Voilà qui va à merveille ; mais je remarque une

chose. Cette coiffe est un peu trop déliée ; j'en vais quérir une un peu plus épaisse, pour vous mieux cacher le visage, en cas de quelque rencontre.

M. POURCEAUGNAC

Que deviendray-je cependant ?

SBRIGANI

Attendez-moy-là ; je suis à vous dans un moment ; vous n'avez qu'à vous promener.

SCÈNE III

Deux SUISSES, M. POURCEAUGNAC

I. SUISSE

Allons, dépeschons, Camerade ; ly faut allair tout deux nous à la Crève pour regarter un peu chousti- cier sti Monsiu de Porcegnac, qui l'a esté contané par Ortonnance à l'estre pendu par son cou.

II. SUISSE

Ly faut nous loër une fenestre pour foir sti Chous- tice.

I. SUISSE

Ly disent que l'on fait téjà planter un grand potence tout neuve pour ly accrocher sti Porcegnac.

II. SUISSE

Ly sera, mon foy, un grand plaisir d'y regarter pendre sti Limosin.

I. SUISSE

Oüy, te ly voir gambiller les pieds en haut tevant tout le monde.

II. SUISSE

Ly est un plaisant drole, oüy; ly disent que c'estre marié troy foye.

I. SUISSE

Sti Tiable ly vouloir troy Femmes à ly tout seul; ly est bien assez t'une.

II. SUISSE

Ah pon chour, Mameselle.

I. SUISSE

Que faire fous là tout seul ?

M. POURCEAUGNAC

J'attens mes Gens, Messieurs.

II. SUISSE

Ly est belle, par mon foy.

M. POURCEAUGNAC

Doucement, Messieurs.

I. SUISSE

Fous, Mameselle, fouloir finir réchoüir fous à la
Crève ? Nous faire foir à fous un petit pendement
bien choly.

M. POURCEAUGNAC

Je vous rens grâce.

II. SUISSE

L'est un Gentilhoume Limossin, qui sera pendu
chantiment à un grand potence.

M. POURCEAUGNAC

Je n'ay pas de curiosité.

I. SUISSE

Ly est là un petit teton qui l'est drole.

M. POURCEAUGNAC

Tout beau !

I. SUISSE

Mon foy, moy couchair pien avec fous.

M. POURCEAUGNAC

Ah ! ç'en est trop, et ces sortes d'ordures-là ne se
disent point à une Femme de ma Condition.

II. SUISSE

Laisse, toy ; l'est moy qui le veut couchair avec elle.

I. SUISSE

Moy ne fouloir pas laisser.

II. SUISSE

Moy li fouloir, moy.

I. SUISSE

Moy, ne faire rien.

Ils le tirent avec violence.

II. SUISSE

Toy l'avoir menty.

I. SUISSE

Toy l'afoir menty toy-mesme.

M. POURCEAUGNAC

Au secours! à la force!

SCÈNE IV

Un EXEMPT, Deux ARCHERS, I. ET II. SUISSES,
M. POURCEAUGNAC

L'EXEMPT

Qu'est-ce ? Quelle violence est-ce-là, et que voulez-
vous faire à Madame ? Allons, que l'on sorte de là,
si vous ne voulez que je vous mette en prison.

XXIV.   13

I. SUISSE

Party pon, toy ne l'avoir point.

II. SUISSE

Parti pon aussi, toy ne l'avoir point encore.

M. POURCEAUGNAC

Je vous suis bien obligée, Monsieur, de m'avoir
délivrée de ces insolens.

L'EXEMPT

Oüay ; voilà un visage qui ressemble bien à celui
que l'on m'a dépeint !

M. POURCEAUGNAC

Ce n'est pas moy, je vous assure.

L'EXEMPT

Ah ! ah ! qu'est-ce que je veux dire.....

M. POURCEAUGNAC

Je ne sçay pas.

L'EXEMPT

Pourquoy donc dites-vous cela ?

M. POURCEAUGNAC

Pour rien.

L'EXEMPT

Voilà un discours qui marque quelque chose, et
je vous arreste prisonnier.

M. POURCEAUGNAC

Eh, Monsieur, de grâce.

L'EXEMPT

Non, non. A vostre mine, et à vos discours, il faut que vous soyez ce Monsieur de Pourceaugnac, que nous cherchons, qui se soit déguisé de la sorte, et vous viendrez en prison tout à l'heure.

M. POURCEAUGNAC

Hélas !

SCÈNE V

L'EXEMPT, ARCHERS, SBRIGANI, M. POURCEAUGNAC

SBRIGANI

Ah, Ciel ! Que veut dire cela ?

M. POURCEAUGNAC

Ils m'ont reconnu.

L'EXEMPT

Oüy, oüy, c'est de quoy je suis ravy.

SBRIGANI

Eh, Monsieur, pour l'amour de moy ; vous sçavez que nous sommes Amis il y a long-temps ; je vous conjure de ne le point mener en prison.

L'EXEMPT

Non, il m'est impossible.

SBRIGANI

Vous estes homme d'accommodement : n'y a-t-il
pas moyen d'ajuster cela avec quelques Pistoles ?

L'EXEMPT *à ses Archers.*

Retirez-vous un peu.

SBRIGANI

Il faut luy donner de l'argent pour vous laisser
aller. Faites viste.

M. POURCEAUGNAC

Ah ! maudite Ville.

SBRIGANI

Tenez, Monsieur.

L'EXEMPT

Combien y a-t-il ?

SBRIGANI

Un, deux, trois, quatre, cinq, six, sept, huit, neuf, dix.

L'EXEMPT

Non, mon ordre est trop exprès.

SBRIGANI

Mon Dieu ! attendez. — Dépeschez ; donnez-luy
encore autant.

M. POURCEAUGNAC

Mais.....

SBRIGANI

Dépeschez-vous, vous dis-je, et ne perdez. point de
temps. Vous auriez un grand plaisir, quand vous
seriez pendu !

M. POURCEAUGNAC

Ah !

SBRIGANI

Tenez, Monsieur.

L'EXEMPT

Il faut donc que je m'enfuye avec luy, car il n'y
auroit point ici de seureté pour moy. Laissez-le-moy
conduire, et ne bougez d'icy.

SBRIGANI

Je vous prie donc d'en avoir un grand soin.

L'EXEMPT

Je vous promets de ne le point quitter, que je ne
l'aye mis en lieu de seureté.

M. POURCEAUGNAC

Adieu. Voilà le seul honneste homme que j'ay trouvé
en cette Ville.

SBRIGANI

Ne perdez point de temps. Je vous aime tant que

je voudrois que vous fussiez déjà bien loin. Que le
Ciel te conduise! — Par ma foy, voilà une grande
dupe. — Mais voicy.....

SCÈNE VI

ORONTE, SBRIGANI

SBRIGANI

Ah! quelle étrange avanture! Quelle fâcheuse nou-
velle pour un Père! Pauvre Oronte, que je te plains!
Que diras-tu, et de quelle façon pourras-tu supporter
cette douleur mortelle?

ORONTE

Qu'est-ce? Quel malheur me présages-tu?

SBRIGANI

Ah! Monsieur, ce perfide de Limosin, ce traistre
de Monsieur de Pourceaugnac, vous enlève vostre
Fille.

ORONTE

Il m'enlève ma Fille?

SBRIGANI

Oüy; elle en est devenuë si fole qu'elle vous quitte
pour le suivre, et l'on dit qu'il a un Caractère pour
se faire aimer de toutes les Femmes.

ORONTE

Allons viste à la Justice. Des Archers après eux.

SCÈNE VII

ERASTE, JULIE, SBRIGANI, ORONTE

ERASTE

Allons ; vous viendrez malgré vous, et je veux vous remettre entre les mains de vostre Père. — Tenez, Monsieur, voilà vostre Fille que j'ay tirée de force d'entre les mains de l'Homme avec qui elle s'enfuyoit ; non pas pour l'amour d'elle, mais pour vostre seule considération : car, après l'action qu'elle a faite, je dois la mépriser, et me guérir absolument de l'amour que j'avois pour elle.

ORONTE

Ah ! infâme que tu es !

ERASTE

Comment ? Me traiter de la sorte après toutes les marques d'amitié que je vous ay données ! Je ne vous blâme point de vous estre soûmise aux volontez de Monsieur vostre Père ; il est sage et judicieux dans les choses qu'il fait, et je ne me plains point de luy de m'avoir rejetté pour un autre. S'il a manqué à la

parole qu'il m'avoit donnée, il a ses raisons pour cela.
On luy a fait croire que cet autre est plus riche que
moy de quatre ou cinq mille écus ; et quatre ou cinq
mille écus est un denier considérable, et qui vaut bien
la peine qu'un Homme manque à sa parole. Mais
oublier en un moment toute l'ardeur que je vous ay
montrée, vous laisser d'abord enflâmer d'amour pour
un nouveau venu, et le suivre honteusement, sans le
consentement de Monsieur vostre Père, après les
crimes qu'on luy impute, c'est une chose condamnée
de tout le Monde, et dont mon cœur ne peut vous
faire d'assez sanglans reproches.

JULIE

Hé bien oüy, j'ay conçeu de l'amour pour luy, et
je l'ay voulu suivre, puisque mon Père me l'avoit
choisy pour Epous. Quoy que vous me disiez, c'est
un fort honneste Homme, et tous les crimes dont on
l'accuse sont faussetez épouvantables.

ORONTE

Taisez-vous ? Vous estes une impertinente, et je
sçay mieux que vous ce qui en est.

JULIE

Ce sont sans doute des pièces qu'on luy fait, et
c'est peut-estre luy qui a trouvé cet artifice pour vous
en dégoûter.

ERASTE

Moy, je serois capable de cela!

JULIE

Oüy, vous.

ORONTE

Taisez-vous, vous dis-je; vous estes une sotte.

ERASTE

Non, non. Ne vous imaginez pas que j'aye aucune
envie de détourner ce Mariage, et que ce soit ma passion qui m'ait forcé à courir après vous. Je vous l'ay
déjà dit; ce n'est que la seule considération que j'ay
pour Monsieur vostre Père, et je n'ay pû souffrir
qu'un honneste homme comme luy fust exposé à la
honte de tous les bruits qui pourroient suivre une
action comme la vostre.

ORONTE

Je vous suis, Seigneur Eraste, infiniment obligé.

ERASTE

Adieu, Monsieur; j'avois toutes les ardeurs du
Monde d'entrer dans vostre alliance; j'ay fait tout ce
que j'ay pû pour obtenir un tel honneur, mais j'ay
esté malheureux, et vous ne m'avez pas jugé digne
de cette grâce. Cela n'empeschera pas que je ne con-
serve pour vous les sentiments d'estime et de véné-
ration où vostre Personne m'oblige; et, si je n'ay pû

XXIV.   14

estre votre Gendre, au moins seray-je éternellement vostre serviteur.

ORONTE

Arrestez, Seigneur Eraste ; vostre procédé me touche l'âme, et je vous donne ma Fille en mariage.

JULIE

Je ne veux point d'autre Mary que Monsieur de Pourceaugnac.

ORONTE

Et je veux, moy, tout à l'heure, que tu prènes le Seigneur Eraste. Çà, la main.

JULIE

Non ; je n'en feray rien.

ORONTE

Je te donneray sur les oreilles.

ERASTE

Non, non, Monsieur ; ne luy faites point de violence, je vous en prie.

ORONTE

C'est à elle à m'obéïr, et je sçay me montrer le Maistre.

ERASTE

Ne voyez-vous pas l'amour qu'elle a pour cet

Homme-là ? et voulez-vous que je possède un corps,
dont un autre possède le cœur ?

ORONTE

C'est un sortilège qu'il luy a donné, et vous verrez qu'elle changera de sentiment avant qu'il soit peu.
Donnez-moy vostre main. Allons.

JULIE

Je ne...

ORONTE

Ah que de bruit. Çà, vostre main, vous dis-je. Ah,
ah, ah.

ERASTE

Ne croyez pas que ce soit pour l'amour de vous
que je vous donne la main. Ce n'est que de Monsieur
vostre Père dont je suis amoureux, et c'est luy que
j'épouse.

ORONTE

Je vous suis beaucoup obligé, et j'augmente de
dix mille écus le Mariage de ma Fille. Allons, qu'on
fasse venir le Notaire pour dresser le Contract.

ERASTE

En attendant qu'il vienne, nous pouvons joüir du
divertissement de la Saison, et faire entrer les Masques,
que le bruit des Nopces de M. de Pourceaugnac a
attiré icy de tous les endroits de la Ville.

SCÈNE VIII

PLUSIEURS MASQUES *de toutes les manières, dont les uns occupent plusieurs Balcons, et les autres sont dans la Place, qui, par plusieurs Chansons et diverses Danses et Jeux, cherchent à se donner des plaisirs innocens.*

UNE EGYPTIENNE

Sortez, sortez de ces lieux,

Soucis, Chagrins et Tristesse ;

Venez, venez, Ris et Jeux,

Plaisirs, Amour et Tendresse ;

Ne songeons qu'à nous réjoüir ;

La grande affaire est le plaisir.

Chœur des Musiciens.

Ne songeons qu'à nous réjoüir ;

La grande affaire est le plaisir.

L'EGYPTIENNE

A me suivre tous icy,

Vostre ardeur est non commune,

Et vous estes en soucy

De vostre bonne fortune ;

Soyez toûjours amoureux,

C'est le moyen d'estre heureux.

UN EGYPTIEN

Aimons jusques au trépas ;

La Raison nous y convie :

Hélas! si l'on n'aimoit pas,
Que seroit-ce de la vie ?
Ah! perdons plûtost le jour
Que de perdre nostre amour.

Tous deux en Dialogue :

L'EGYPTIEN

Les Biens,

L'EGYPTIENNE

La Gloire,

L'EGYPTIEN

Les Grandeurs,

L'EGYPTIENNE

Les Sceptres, qui font tant d'envie,

L'EGYPTIEN

Tout n'est rien, si l'Amour n'y mesle ses ardeurs ;

L'EGYPTIENNE

Il n'est point, sans l'amour, de plaisir dans la vie.

Tous deux ensemble :

Soyons toujoûrs amoureux ;
C'est le moyen d'estre heureux.

Le petit Chœur chante après ces deux derniers Vers.

Sus, sus, chantons tous ensemble ;
Dansons, sautons, joüons-nous :

Un Musicien seul :

Lors que pour rire on s'assemble,
Les plus sages, ce me semble,
Sont ceux qui sont les plus fous.

Tous ensemble :

Ne songeons qu'à nous réjoüir ;
La grande affaire est le plaisir.

MONSIEUR

DE POURCEAUGNAC

EXPLICATION DES PLANCHES

Notice. — En-tête. Bande de rinceaux. Sur l'écu central une hure de pourceau, accompagnée, à dextre et à senestre, d'une truffe et d'une troisième truffe en pointe, armes parlantes de Noble homme Léonard de Pourceaugnac.

— Lettre P. Sur la lettre noire sont suspendus par des rubans un violon et une seringue.

— Cul-de-lampe. Composition ornementale. Dans le bas, comme centre, la tête, fine et fûtée, de Nérine, la Femme d'intrigue, qui sait si bien rouler le pauvre Pourceaugnac. Dans le haut, un cartouche carré, suspendu au nœud d'un ruban et chargé d'un tambour de basque, d'une guitare, de deux masques comiques, d'une flûte et d'un triangle.

Faux titre. — Au milieu du bas, le buste du malheureux Pourceaugnac, qui, venant d'échapper un moment à tous ceux qui le poursuivent, s'essuie le front de désespoir. Dans le bas, six marionnettes suspendues à un double fil ; à gauche, Lucette, sa Femme de Pézénas, le petit Jeanet et le jeune Médecin ; à droite, le vieux Médecin ; Madeleine, la fille de Nérine, sa Femme de Picardie, et l'un des Suisses. Sur la frise un Neptune gras, tenant le trident, avec, sur la tête, le bonnet et, sur les yeux, les bésicles de Médecin, est assis au milieu d'un cercle de seringues, qui jettent de l'eau en éventail comme les ronds des roseaux en plomb qui font le milieu de bassins dans le parc de Versailles. Des deux côtés de ce motif central, un enfant, ceint d'une espèce de tablier et tenant à la main la lance à feu, est prêt à faire partir un canon dont l'affût porte une seringue ; c'est le cas de se servir du nom gouailleur dont on a affublé les infirmiers militaires, et de les appeler, comme eux, artilleurs de la pièce humide.

GRAND TITRE. — Acte premier, scène XI. La fusillade des Matassins. Au centre, Pourceaugnac, affolé, saute, pour s'enfuir, au travers d'une fenêtre. A droite, monté sur une borne, un vieil Apothicaire commande la bataille et indique de la main où est le fuyard ; à gauche, un autre Apothicaire, monté sur la borne en face, pousse consciencieusement le piston de sa seringue, pendant que quatre autres, plus voisins, tirent leurs feux croisés comme des quatre points cardinaux ; ceux qui sont en bas sont accourus au pas de charge et tirent de bas en haut ; les deux autres, perchés sur des rinceaux qui accostent la fenêtre, font au contraire un feu plongeant ; deux autres, debout derrière eux, arrivent pour entrer en ligne. Sur les côtés et au sommet du grand cartouche qui porte le titre, on aperçoit les mains, les têtes, les chapeaux pointus, les seringues de nouveaux assaillants, qui viennent se joindre aux premiers. Tout en haut, le Médecin, les bras ouverts, contemple la scène et admire la belle exécution de son ordonnance.

GRANDE PLANCHE. — La huitième Scène du second Acte. Comme fonds, la perspective d'une rue du vieux Paris, avec une maison à pignon et la tourelle en encorbellement d'une autre plus éloignée ; la plus importante, qui fait l'angle de la Place, est de l'architecture élégante des der-

niers Valois. En avant, le groupe du malheureux Pourceaugnac, assailli
par ses deux soi-disant Femmes et par les trois enfants qu'on lui met
sur le dos. Il s'en prend, de désespoir, aux cheveux de sa perruque, pendant que les enfants le tirent par ses habits et par sa belle écharpe
blanche. A sa gauche, sa Femme de Saint-Quentin, Nérine, avec sa fille
Madeleine; leurs jupes sont de toile à fleurs. A sa droite, Lucette, sa
Femme de Pézénas, elle et sa Fille Françoise en coiffes blanches et la
Fillette avec une jupe de droguet rayé ; le petit Jeanet, avec une veste
grise à basques et des culottes bouffantes qui s'arrêtent aux genoux au-
dessus de ses bas de laine noire, s'attache tant qu'il peut aux habits de
son père. Dans le fond, Oronte s'éloigne avec un geste d'horreur pour
celui dont il avait pensé faire son Gendre.

CADRE DES ACTEURS. — Sur le côté des deux montants, un balcon
avec deux Chanteuses, debout, tenant leurs papiers de musique ; sous le
balcon est suspendu un lustre de trois chandelles de cire. Le haut de
l'encadrement est une arcade, du centre de laquelle pend un dais conique,
garni d'une pente découpée ; l'arcade est accostée de deux vases, d'où
s'échappe la fumée de parfums. Sur les rinceaux du bas, plus solides
puisqu'ils jouent le rôle d'une base, cinq personnages. Au centre, Pantalon
avec sa fraise, son feutre à plume et le grand nez de son masque; il joue
de la guitare et fait le grand écart pour assurer ses pieds des deux côtés.
Il est accosté de deux Arlequins, dansant à sa musique et faisant plier
leurs battes au-dessus de leurs têtes. A droite et à gauche, les deux
Suisses, un poing sur la hanche et tenant de l'autre main leur longue
hallebarde.

PROLOGUE. — En tête. Orchestre de Musiciens, tous en perruque et
en longs habits. Leur Chef, debout comme eux, et vu par derrière, avec
l'épée en verrou, les conduit de ses deux mains ; ses symphonistes
jouent du violon, de la basse de viole, de la guitare, du basson, de la
flûte et de la clarinette.

— Cul-de-lampe. C'est la mise en action de l'indication finale. Quatre
    XXIV.   15

Curieux de Spectacle, ayant pris querelle ensemble, ont mis l'épée à la main. Après un agréable combat, ils sont séparés par deux Suisses, dont les représentations — et les hallebardes — les mettent d'accord.

Acte I. — En tête. Cadre de rinceaux, dans les deux extrados supérieurs desquels les instruments des Musiciens des Intermèdes. A gauche deux Médecins, l'un, jeune et gras, qui parle et lève la main d'un geste plein de confiance admirative en ce qu'il dit ; à côté de lui, le vieux Médecin, en robe plus grise, et se couvrant la bouche de la main, se donne à lui-même la pose de réfléchir sous ses bésicles. En face d'eux, à l'extrême droite, Pourceaugnac se recule en croisant les bras et en s'écriant : « Parbleu, je ne suis point malade » ; scène VIII. Le texte est, au milieu de la frise du bas, sur un cartouche, surmonté de la seringue fatale, qui se dresse comme un obélisque.

— Lettre M. Scène première. Julie et Eraste, l'une en avant, l'autre en arrière de la lettre, décorée d'élégants rinceaux noirs, s'écartent l'un de l'autre pour regarder si on ne les surprendra pas ensemble. Eraste rassure Julie : « Je regarde de tous costez, et je n'aperçoy rien. »

— Cul-de-lampe. Scène XI. La poursuite des seringues. Pourceaugnac, dont le chapeau vole en l'air et qui préserve ses derrières avec une chaise, s'enfuit d'une course effrénée, chassé par la meute des Matassins, vieux et jeunes, qui le suivent, en courant derrière lui en file indienne. Sur le haut de l'encadrement, le buste d'Esculape et deux des serpents que l'on entretenait dans son Temple à Epidaure.

Acte II. — En tête. Scène VI ; Julie, Oronte, Pourceaugnac. Fond de rue. Julie, pour remplir le rôle dont elle est chargée, se précipite vers Pourceaugnac, en le regardant d'un air languissant et en voulant lui prendre les mains. Son Père essaie d'intervenir, à la fois pour apaiser les ardeurs de sa Fille et calmer Pourceaugnac, qui se recule de surprise : « Ho, ho, quelle égrillarde ! »

— Lettre I. Scène première. Sur un fond de rue, Sbrigani, dans son costume napolitain, culotte bouffante, pourpoint, petit manteau et bonnet noir à raies, s'appuie sur la lettre : « Cependant, voilà cinquante pistoles « qu'il vous fait perdre » ; de l'autre côté de la lettre, le premier Médecin, en longue robe, le col entouré d'une fraise, et la tête coiffée du chapeau pointu : « Moy, je n'entends point les perdre. » Sur la lettre noire, des bésicles, un mortier avec un pilon, une seringue enrubannée, un bistouri, un flacon, une cornue de verre, et, tout en bas, des pistoles, honnête produit de tout cet attirail de Médecin et d'Apothicaire.

— Cul-de-lampe. Scène XI. Le pauvre Pourceaugnac entre les deux Avocats musiciens, en grandes robes et en bonnets carrés, qui, l'un parlant lentement et l'autre fort vite, lui répètent à l'envi : « La Polygamie « est un cas, — Est un cas pendable. » Au centre de l'arcade supérieure, d'où pendent des chaînes, un terrible faisceau, se dessinant sur les traits en zigzag de foudres vengeresses ; il est composé du sceptre royal, de la main de Justice, des balances de Thémis, du glaive du bourreau et d'une potence roturière, parce qu'il est fâcheux à un Gentilhomme d'estre pendu « et que cela feroit tort à nos titres de Noblesse ».

ACTE III. — Fond de rue. Pourceaugnac, en femme et l'éventail à la main, se défend, en minaudant, contre les entreprises invraisemblables des deux faux Suisses, qui, bien entendu, ne quittent pas leurs énormes hallebardes. Au centre de la bande supérieure du cadre, un cartouche, avec le mot de premier Suisse : « Ly est un petit téton qui l'est drôle. » Scène III.

— Lettre O. Scène II. Pourceaugnac, affublé d'une robe de Demoiselle et tenant un éventail à la main, s'essaie à marcher comme une femme et à imiter les façons des personnes du bel air. Sbrigani, dans son costume napolitain rayé, s'appuie, avec une indolence admirative, sur la lettre, semée des petits points qui sont en blason l'indication de l'or : « Voilà « qui va à merveille » ; le fourbe compte à l'avance sur l'entrée des deux faux Suisses.

— Cul-de-lampe final. Le Divertissement de la Scène VIII. Au milieu

la Chanteuse Égyptienne. A sa droite, Arlequin et Pascariel ; à sa gauche,
Lélio et le Matamore. Arlequin et Lélio lui offrent, par leur geste, toutes
leurs adorations, l'une railleuse et l'autre enthousiaste ; Pascariel la
regarde, et le Matamore, vêtu de noir et l'un de ses poings sur l'énorme
garde de sa cochelichemarde, regarde et brave le Ciel.

Achevé d'imprimer a Évreux

Par Charles Hérissey

Le trente Décembre Mil huit cent quatre-vingt-treize

PER · ASPERA · SPERA

Pour le compte d'Émile Testard

Éditeur a Paris

www.ingramcontent.com/pod-product-compliance
Lightning Source LLC
Chambersburg PA
CBHW072112090426
42739CB00012B/2946